D1152028

© Éditions du Rocher, 1991

ISBN 2-268-01240-7

SE
SOIGNER
SEUL
SANS PEUR

LES POUVOIRS
DE
L'HOMÉOPATHIE

DR **Philippe Picard**
médecin homéopathe

SE
SOIGNER
SEUL
SANS PEUR

LES POUVOIRS
DE
L'HOMÉOPATHIE

Éditions du Rocher

SE SOIGNER SEUL SANS PEUR

Les pouvoirs de l'homéopathie

Dr Philippe Picard

1. INTRODUCTION

Ce livre, conçu spécialement à l'intention du grand public, traite de L'AUTO-MÉDICATION et non pas comme certains ont pu l'écrire avant moi, de LOTO-MÉDICATION...

En effet l'utilisation par et pour soi-même de médicaments, n'est pas quelque chose de très facile. Elle ne saurait se faire au hasard, comme sur un «coup de dés»...

Comment savoir :

1. ce que l'on doit ou ne doit pas faire ?

2. ce que l'on peut ou ne peut pas soigner tout seul ?

3. quels médicaments utiliser ?

Je vous propose, à travers ce livre, d'être votre guide qui vous donnera des informations claires, des conseils utilisables immédiatement et surtout une très grande sécurité d'emploi.

Je vais vous donner la possibilité, tout au long de ce livre, de *mieux comprendre et de mieux connaître votre Santé.*

Un peu comme le ferait un conseiller en gestion qui vous donnerait des conseils sur votre portefeuille, je vais vous aider à mieux gérer, non pas votre «Capital-Dollars» mais un capital bien plus précieux que celui-ci: votre «Capital-SANTÉ».

Ainsi comme avec votre bas de laine, ce n'est pas une fois que vous avez tout dépensé que vous pensez tranquillement à ce que vous auriez pu faire. Il est absolument nécessaire de PRÉ-VOIR pour éviter au mieux les «crashs financiers» ou les «crises cardiaques» et ne pas prendre de risques inutiles...

En matière de santé, il faut là aussi faire de la prévention et maintenir son «Capital-SANTÉ» en forme.

Un déséquilibre pourra toujours se produire, mais il sera alors possible de réagir plus rapidement et avec plus d'efficacité si vos systèmes de défense sont bien préparés. Vous pourrez alors rétablir l'équilibre normal à moindre frais.

C'est exactement ce que je vous propose dans ce livre :

- d'une part, être mieux informé pour mieux comprendre comment il est possible de vous garder en équilibre et prévenir ainsi au mieux les problèmes éventuels.

- d'autre part, si un déséquilibre survient, vous indiquer comment réagir vite, simplement et efficacement.

Vous aurez deux lectures possibles de cet ouvrage :

une première pour votre culture médicale générale et une deuxième pour la recherche de la solution à votre problème.

La première lecture peut se faire tranquillement, lorsque bon vous semblera. Vous pourrez parcourir les rubriques ou revenir sur une question d'intérêt général pour préciser un point particulier. Cette approche vous apportera une connaissance essentielle en médecine familiale tout en vous donnant la possibilité de sourire grâce au «coin du curieux». Vous constaterez que l'on peut apprendre gaiement des choses sérieuses...

La deuxième lecture, sera elle, motivée par un désir de solution rapide. En effet, vous pourrez facilement consulter ce livre à l'occasion d'un problème de santé. Vous avez un problème ? Consultez immédiatement l'INDEX général qui vous guidera à la page indiquée. Mes conseils sont là... Ils vous attendent...

Deux lectures en un seul volume avec une particularité supplémentaire : L'HOMÉOPATHIE.

Lorsque j'ai commencé la pratique de la médecine, il y a plus de 25 ans maintenant, je me suis consacré rapidement à cette technique qui me paraissait particulièrement intéressante.

Son approche humaine et son efficacité constamment vérifiée m'ont convaincu du bon choix que j'avais fait et que je continue de faire.

L'homéopathie est certainement la meilleure approche pour l'automédication. Simple, efficace, sans danger ni effets secondaires toxiques, elle offre des solutions en harmonie avec le fonctionnement normal de l'organisme.

Ainsi, dans les pages qui suivent, je vous livre, je vous confie ce que 25 ans de pratique médicale familiale en homéopathie, m'autorise à vous dire.

Les résultats seront là si vous aussi, vous jouez votre rôle qui est le plus important. Lisez les pages qui suivent et rejoignez-moi page 23 pour signer ensemble ce contrat que je vous propose pour la meilleure gestion de votre «capital-SANTÉ».

2. COMMENT UTILISER CE LIVRE

L'index montre le chemin. C'est donc en consultant l'index situé à la fin de l'ouvrage que vous pourrez «entrer» facilement dans ce guide.

Cet index contient de nombreux mots-clefs et expressions courantes. Il vous permettra de retrouver aisément celui ou celle qui correspond au mieux à vos préoccupations.

il vous indiquera alors une rubrique où vous trouverez la réponse à votre question.

AINSI : vous avez un problème ? consultez l'index qui vous indique la rubrique concernée*.

Chacune de ces rubriques est construite de manière identique pour vous permettre une consultation rapide et efficace.

- circonstances de l'auto-médication homéopathique (=AMH)
- mon conseil en homéopathie
- mon conseil médical
- le coin du curieux
- une zone fléchée

L'AUTO-MÉDICATION HOMÉOPATHIQUE

Je vous indique ici les circonstances dans lesquelles L'AMH est souhaitable, possible et utile.

MON CONSEIL EN HOMÉOPATHIE

Vous trouverez les différents médicaments homéopathiques avec leurs indications précises et leur mode d'utilisation.

MON CONSEIL MÉDICAL

Vous donne des informations médicales précises sur la question posée.

Vous indique pourquoi et dans quelles circonstances il faudra consulter votre médecin.

* exemple: – feu sauvage vous envoie à HERPES
            – entorse vous envoie à TRAUMATISMES

LE COIN DU CURIEUX

C'est la «cerise sur le gâteau» pour vous «récompenser» de l'effort de recherche fourni et vous distraire. Je vous y signale des anecdotes ou des faits amusants en rapport avec la rubrique concernée. Un exemple immédiat : le mot RUBRIQUE qui identifie une partie de texte de loi vient de rubrica=terre rouge, car anciennement les titres de ces textes étaient écrits en rouge.

LA ZONE FLÉCHÉE

Des petites flèches en fin de rubrique vous indiquent les autres rubriques à consulter en relation directe avec celle que vous venez de lire.

> *Vous trouverez également* des rubriques qui ne comportent aucune indication de médicaments. Elles s'intitulent *CULTURE MÉDICALE GÉNÉRALE* (CMG).

Je les ai composées spécialement à votre intention pour votre information et votre culture générale personnelle sur les grands appareils qui constituent votre organisme (cardio-vasculaire, cutané, digestif, etc...)

> Tout le monde devrait connaître ces données essentielles qui permettent alors d'envisager sereinement l'auto-médication.

En effet, le principal risque de l'auto-médication est lié au manque d'information et de connaissances simples sur la santé que nous devrions tous posséder pour bien gérer notre capital-SANTÉ.

Ce livre ne prétend pas, bien sûr, répondre à toutes les questions qui peuvent se poser à vous. Il aborde celles que vous rencontrez le plus souvent. Pour les autres questions, *n'hésitez pas à en parler à un professionnel de la santé, connaissant l'homéopathie.* À l'heure actuelle votre pharmacien, de plus en plus informé et compétent en homéopathie, est sans doute le mieux placé pour vous conseiller.

Pour vous permettre une utilisation facile et efficace de ce livre, il est important que vous lisiez attentivement les 10 pages suivantes. Vous pourrez ainsi faire pleinement usage des informations contenues dans les rubriques.

3. L'HOMÉOPATHIE :
POURQUOI ?
POUR QUI ?
POUR QUOI ?
ou L'ESSENTIEL À SAVOIR.

Pour pouvoir répondre à ces questions il faut d'abord que nous essayons ensemble de définir la maladie, le médicament et l'auto-médication. Ainsi nous serons sûrs de mettre derrière ces mots des idées claires.

QU'EST-CE QUE LA MALADIE ?

Il s'agit, ici pour moi, de vous faire partager mon point de vue sur la maladie en tant que *déséquilibre physiologique* et non pas de faire un essai sur le symbolisme ou la signification profonde de la maladie. Ces sujets sont passionnants. Je les ai abordés dans un autre livre. Ils ne sont pas le propos de cet ouvrage destiné à vos premiers pas en homéopathie.

La santé est définie par l'OMS (Organisation Mondiale de la Santé) comme un état de bien-être physique et psychologique.

Je pense que nous pouvons apparenter cet état à celui d'un équilibre individuel que nous cherchons à maintenir en permanence. Chacun a son propre état d'équilibre au même titre que personne n'est identique à quelqu'un d'autre.

> **On peut définir la MALADIE comme l'ensemble des réactions de l'organisme en réponse aux agressions qu'il subit.**

Il est possible d'imager l'état de maladie par un état de déséquilibre plus ou moins important. Déséquilibre en cours d'installation avec retour facile à la normale grâce à l'homéopathie ou déséquilibre installé : la maladie au sens où on l'entend habituellement. Les «béquilles chimiques» de l'allopathie seront alors souvent indispensables.

Ce déséquilibre n'apparaît pas soudainement. Il s'installe progressivement.

Essayons de schématiser l'apparition et l'évolution d'un déséquilibre de santé chez une personne.

La cause, qui peut être un virus, une exposition prolongée au soleil, un aliment, un changement de température brutal etc... va déclencher dans l'organisme toute une série de processus de régulation pour permettre à l'individu de s'adapter.

Dans certains cas, cette adaptation a du mal à se faire et l'organisme émet alors des signaux que l'on peut appeler : les premiers symptômes : frissons, courbatures dans le cas d'une grippe ; nausées, diarrhée dans le cas d'un trouble digestif par exemple.

L'intensité de ces *PREMIERS symptômes* est en général modérée mais elle va s'accentuer à mesure que le temps passe et que l'organisme cède la place à un état de *DÉSÉQUILIBRE. Celui-ci sera TEMPORAIRE si vous agissez vite et simplement.*

C'est le domaine privilégié pour l'action de l'homéopathie, qui agira particulièrement rapidement à ce stade. L'organisme risque d'être «dépassé» par l'agresseur mais il n'a pas encore dit son dernier mot...

Si vous êtes à l'écoute de votre corps, vous serez capable de percevoir ces premiers symptômes. Vous pourrez avec l'homéopathie, pratiquement à tout coup, aider votre organisme à retrouver rapidement son état d'équilibre normal.

Si l'on n'a pas su ou pas pu réagir à ce stade des premiers symptômes, alors l'organisme est «débordé» par l'agression.

Nous entrons alors dans la phase de *DÉSÉQUILIBRE INSTALLÉ où il est «dépassé», ne s'adapte plus : c'est le stade de la MALADIE telle qu'elle est définie habituellement.*

Il est encore souvent possible de réagir avec l'homéopathie mais l'auto-médication présente des risques et une consultation chez votre médecin est nécessaire.

LA MALADIE CHRONIQUE.

La situation de déséquilibre peut devenir répétitive comme par exemple des otites chez un enfant ou une sinusite qui récidive ou encore des crises d'asthme.

On parle alors de maladie CHRONIQUE. Dans ces cas vous avez déjà consulté un médecin et vous suivez en général un traitement.

L'homéopathie est ici particulièrement intéressante pour aider à espacer les crises puis les éviter. On parle alors de traitement de TERRAIN en homéopathie. (voir Question/Réponses page 45)

Il s'agit là d'une situation où l'auto-médication est déconseillée. Seul un médecin homéopathe pourra envisager un traitement. Il fera un *bilan de LA MALADIE* (analyses, tests, radiographies etc...) grâce à ses connaissances classiques et un *bilan du MALADE* (étude du terrain : antécédents, morphologie, comportement, tendances réactionnelles, prédisposition à réagir de telle ou telle manière etc...) grâce à ses connaissances homéopathiques.

C'est à partir de ce *bilan global du MALADE ET DE SA MALADIE* qu'il établira le traitement. Il décidera d'associer ou non les thérapeutiques classique et homéopathique selon les circonstances (voir Q/R page 42)

AU TOTAL : Dans un premier temps votre organisme tente de se rééquilibrer par ses propres moyens. Si l'agression est trop forte, vos systèmes de défense sont débordés. Comme un barrage cédant à la pression, vous laissez la place à un état de déséquilibre installé : la maladie.

Vous comprenez également qu'en auto-médication, il est nécessaire, non seulement de bien se connaître, comme nous l'avons vu précédemment, mais aussi de bien connaître les médicaments que l'on utilise: indications et manière de les prendre.

C'est pourquoi dans ce livre, je vous aide à ne pas commettre d'erreurs d'appréciation pour les situations auxquelles vous serez confrontés et je vous invite à utiliser l'homéopathie qui est l'approche idéale pour l'auto-médication.

Mais au fait : QU'EST-CE QUE C'EST L'HOMÉOPATHIE ?

Vous trouverez dans le chapitre Questions/Réponses une définition «scientifique». (voir page 27). Mon propos ici est simplement de vous permettre de comprendre son intérêt.

L'homéopathie est une façon de soigner, utilisant des médicaments qui sollicitent, stimulent et régularisent les mécanismes des systèmes de défense naturelle de l'organisme.

Nous avons vu précédemment que ces mécanismes se mettent en mouvement lors d'une agression pour ramener l'organisme à un nouvel état d'équilibre. Le médicament homéopathique se glisse dans ces mécanismes, les facilite comme s'il en «huilait» les rouages.

Il est choisi selon un raisonnement particulier que l'on appelle

principe de similitude : «Une substance capable à forte dose de déclencher des troubles de santé chez une personne en état d'équilibre est capable à petites doses de guérir des troubles semblables chez une personne malade»

exemple : l'IPECA est une plante qui, à doses fortes, déclenche des maux de coeur (nausées), des vomissements et une augmentation de la sécrétion de salive.

IPECA en dilutions homéopathiques, à petites doses, soulagera une personne souffrant de ces MÊMES troubles provenant par exemple d'une indigestion ou du mal des transports.

EST-IL NÉCESSAIRE DE SE SOIGNER ?

C'est une question de choix personnel. En effet si vos systèmes de défense fonctionnent bien, de nombreux troubles peuvent évoluer spontanément vers la guérison.

L'expérience montre cependant qu'il est préférable d'aider les réactions normales de l'organisme en utilisant l'homéopathie. Sans effets secondaires toxiques, ils agissent à des doses physiologiques qui correspondent à celles existant dans votre corps (voir Q/R p. 38)

QU'EST-CE QU'UN MÉDICAMENT ?

Homéopathique ou non, avant d'être utilisé un médicament est en fait un produit qui renferme une substance active.

Ce produit ne devient médicament, c'est-à-dire capable d'avoir une action bénéfique de traitement sur l'organisme, que dans certaines conditions :

•Il doit correspondre spécifiquement au problème à traiter.

•Il doit être pris à la bonne dose, au bon moment et pendant le temps nécessaire.

Un même médicament peut être utilisé avec des objectifs différents : l'aspirine selon la dose agira sur les douleurs ou sur les problèmes circulatoires à titre thérapeutique.

Deux sujets souffrant du même problème ne devront pas forcément prendre le même médicament.

Vous comprenez que l'utilisation d'un médicament pose de nombreuses questions. Le pharmacien connait parfaitement ce domaine. Il peut vérifier aisément le bien-fondé de ce que vous prenez.

Quants aux médicaments homéopathiques?

Ils sont fabriqués selon des règles très strictes par des laboratoires spécialisés.

Ils proviennent des trois règnes : minéral, végétal et animal. (voir page 36)

Ils agissent à des doses extrêmement faibles qui correspondent à celles que l'organisme sécrète quotidiennement pour assurer son fonctionnement normal.

Pour déterminer le médicament indiqué il faut prendre en compte les signes de la maladie *ET* ceux qui caractérisent la façon dont le malade fait *SA* maladie.

| exemple : vous êtes grippé. |

Vous avez comme tout le monde les **signes de la MALADIE:**

• fièvre, courbatures, frissons, maux de tête.

Vous avez en plus **des signes qui vous sont propres:**

•douleurs articulaires soulagées si vous bougez, aggravées si vous restez immobile, un feu sauvage:

RHUS TOXICODENDRON (le sumac vénéneux) est VOTRE médicament.

ou bien :

•douleurs aggravées par le moindre mouvement, améliorées par le repos absolu. Vous avez très soif et un petit saignement de nez:

BRYONIA (la bryone ou navet du diable) est VOTRE médicament.

etc... car il existe d'autres situations. Consultez la rubrique: états grippaux sur ce sujet. page 111.

Vous comprenez que l'homéopathie recherche toujours à utiliser ce qui vous appartient dans votre façon de réagir et à stimuler ce qui est «normal». Elle vous respecte en tant qu'individu avec vos possibilités.

ALORS L'AUTO-MÉDICATION HOMÉOPATHIQUE (=AMH) EST-CE VRAIMENT SOUHAITABLE ? POSSIBLE ? UTILE ?

Je pense que, maintenant, c'est pour vous une évidence.

C'EST SOUHAITABLE car, c'est le moyen idéal pour faire de l'auto-médication qui correspond au désir de se prendre en charge, de prendre soin de soi, de se responsabiliser, de se rendre plus autonome, et cela en toute sécurité.

C'EST POSSIBLE à condition de bien connaître ses limites. Elles ne seront pas les mêmes pour vous que pour un pharmacien, un vétérinaire, un dentiste, une infirmière, un chiropracticien, un acupuncteur ou un médecin... ou votre voisin.

Les thérapeutes non-médecins doivent savoir à quel niveau peut se situer et se limiter leur intervention. Utiliser pour soi, sa famille et son entourage l'AMH ne pose pas de problèmes. L'utiliser comme un véritable traitement médical, alors que le fait de ne pas être médecin interdit tout examen physique et tout diagnostic en profondeur pose le problème de la responsabilité de chacun.

C'EST UTILE
car vous allez apprendre à mieux vous connaître sur le plan de votre santé, de votre façon de réagir en étant à l'écoute des signaux que vous envoie votre corps quand il y a risque de déséquilibre.

car vous pourrez souvent éviter de prendre des médicaments classiques s'ils ne sont pas absolument indispensables. Leurs effets secondaires sont fréquents et surtout leur utilisation trop fréquente peut être dangereuse à long terme. Gardez-les en réserve pour les cas où ils seront indiqués sans autre solution de rechange. Ils seront alors d'autant plus efficaces que vous n'aurez pas habitué votre organisme à être surchargé de substances chimiques inutiles.

VOUS POSSÉDEZ MAINTENANT L'ENSEMBLE DES ÉLÉMENTS POUR BIEN RÉUSSIR VOTRE APPROCHE DE L'AUTO-MÉDICATION HOMÉO-PATHIQUE

ALORS : LISEZ ATTENTIVEMENT VOTRE CONTRAT DE SANTÉ...

CONTRAT DE SANTÉ :

Les 7 règles pour une bonne gestion de votre Capital-Santé

1. Suivez exactement mes indications. Elles reposent sur 25 ans de pratique médicale homéopathique.

2. Respectez scrupuleusement les consignes de prudence que je vous donne. **L'auto-médication n'est dangereuse que si l'on ne connait pas les limites de sa compétence.** Ne pas vouloir les admettre est un autre problème... Il faut savoir ce que l'on peut faire et surtout ce qu'il ne faut pas faire.

3. Même si vous prenez actuellement un traitement avec des médicaments non homéopathiques, vous pouvez utiliser ce que je vous indique en toute sécurité.

4. Au moindre doute, consultez votre médecin habituel. Je vous donne de nombreuses indications dans ce livre sur les signes qui doivent vous orienter vers lui.

5. N'interrompez ou ne modifiez jamais pour quelle que raison que ce soit, votre traitement médical en cours. Je vous dis cela car il est fréquent d'obtenir des améliorations importantes grâce aux médicaments homéopathiques. Signalez-le à votre médecin. La décision d'une modification de traitement lui appartient.

6. Rappelez-vous que dans les cas où je vous l'indique le résultat de l'auto-médication homéopathique doit être rapide. Par contre les traitements de Terrain peuvent être longs. Il s'agit de maladies chroniques. Elles ont mis du temps à s'installer. Il faut du temps pour agir sur leur évolution.

7. Vous avez le droit et le devoir de vous informer. Il s'agit de votre SANTÉ.

Vous ...

Dr Philippe Picard

4. QUESTIONS / RÉPONSES

LISTE DES QUESTIONS / RÉPONSES

1. L'HOMÉOPATHIE : EN RÉALITÉ QU'EST-CE QUE C'EST ?

2. COMMENT UTILISER LES MÉDICAMENTS HOMÉOPATHIQUES ? EXEMPLE PRATIQUE

3. COMMENT FAIRE SES PREMIERS PAS EN HOMÉOPATHIE ?

4. QU'EST-CE QUI N'EST PAS DE L'HOMÉOPATHIE PARMI LES THÉRAPEUTIQUES ALTERNATIVES ?

5. COMMENT FABRIQUE-T'-ON UN MÉDICAMENT HOMÉOPATHIQUE ET QUI LE FABRIQUE ?

6. LES PETITES DOSES : ÇÀ AGIT ?

7. Y A T-IL DES PREUVES SCIENTIFIQUES DE L'ACTION DE L'HOMÉOPATHIE ?

8. LE MÉDICAMENT HOMÉOPATHIQUE PEUT-IL ÊTRE DANGEREUX?

9. PEUT-ON ASSOCIER TRAITEMENT HOMÉOPATHIQUE ET ALLOPATHIQUE ?

10. POURQUOI LES NOMS DE MÉDICAMENTS SONT-ILS EN LATIN ?

11. QU'EST-CE QUE LE TERRAIN ?

12. QUI ÉTAIT SAMUEL HAHNEMANN ?

13. COMMENT COMPOSER SA PHARMACIE HOMÉOPATHIQUE FAMILIALE ?

1. L'homéopathie : en réalité qu'est-ce que c'est ?

Une façon de soigner particulière qui utilise des médicaments choisis selon un raisonnement qui est le suivant :

«Quelle substance à dose forte, toxique est capable de déclencher chez un sujet sain les mêmes troubles que ceux dont souffre actuellement le malade?»

Cette substance à une autre dose, plus faible mais néanmoins active va régulariser les mécanismes de défense de l'organisme dans le sens de la guérison.

Dans la majorité des cas, cette *dose sera dite infinitésimale* car extrêmement diluée. Mais n'oubliez pas que les mécanismes normaux de votre corps sont réglés par des substances (hormones, vitamines, oligoéléments) qui correspondent aux mêmes dilutions.

Il n'y a donc rien de particulièrement «étrange« à ce que les médicaments homéopathiques aient une action de régulation dans l'organisme.

AU TOTAL c'est l'application du *principe de similitude* entre l'action toxique d'une substance et son action thérapeutique qui est la base essentielle de l'homéopathie.

L'utilisation des «petites doses» n'est que la conséquence logique de l'utilisation de ce principe.

CECI EST TRÈS IMPORTANT car vous comprenez ainsi facilement :

• qu'il ne suffit pas qu'une substance soit diluée pour avoir le titre de médicament homéopathique.

• qu'il faut qu'elle ait été expérimentée afin de bien établir ses capacités de traitement. Ces expérimentations constituent la matière médicale homéopathique qui sert de référence pour le choix des médicaments.

DONC: l'homéopathie, consiste à soigner à l'aide de médicaments choisis en fonction du principe de *similitude.*
Ce choix prend en considération la Réaction Individuelle du Malade (***R.I.M.***)
Celle-ci est étroitement liée à la spécificité de chaque individu. En homéopathie on se réfère, alors, à la notion de ***TERRAIN***.
(voir page 45).

2. Comment utiliser les médicaments homéopathiques ?

• EXEMPLE PRATIQUE

Ce tube de granules homéopathiques :

Qu'est-ce que c'est?

À quoi sert-il?

Comment l'utiliser?

1. Qu'est-ce que c'est?

Ce tube contient 75 granules imprégnés de GELSEMIUM dilué 7 fois au Centième selon la technique de Hahnemann, d'où 7 ch*

Reprenons chaque élément :

- GELSEMIUM : le jasmin de Virginie est la plante qui sert de point de départ à la fabrication du médicament.

- Cette plante est diluée et «dynamisée» 7 fois au centième.

- Une fois diluée, la préparation liquide ainsi obtenue imprègne les granules qui deviennent ainsi le support du médicament.

- Ces granules que vous sucerez pour absorber le médicament sont des petites sphères d'un sucre spécialement fabriqué à cet usage.

* voir Q/R p.36 et 47.

2. À quoi sert-il ?

Comme je vous l'ai dit le raisonnement est simple :

- GELSEMIUM à dose forte déclenche par l'intermédiaire des substances toxiques qu'il contient, des phénomènes de tremblement, de fatigue intense et surtout de la diarrhée, en accélérant le fonctionnement de l'intestin.

- GELSEMIUM en dilution homéopathique (ici 7 ch) sera le médicament régulateur de troubles semblables survenant chez une personne à l'occasion par exemple d'une situation de trac : tremblement, mains moites, diarrhée émotive.

Vous comprenez ainsi que l'on utilise comme médicament régulateur pour le malade, la substance qui est capable de produire des troubles semblables chez un individu en bonne santé.

3. Comment l'utiliser ?

Le médicament homéopathique est un compagnon qui vous aide à réagir dans le sens normal des mécanismes de défense et d'adaptation aux agressions de votre organisme. Il règle la réaction de rééquilibre tout en la rendant plus efficace.

En situation de trac vous prendrez donc 5 granules, de GELSEMIUM 7 ch, en les suçant, car le médicament est absorbé au maximum par les petits vaisseaux de la bouche. Vous pourrez répéter cette prise de 5 granules 1/2 heure après si besoin. Il n'y a aucun risque d'effet secondaire gênant car le médicament règle «votre» réaction naturelle. Il va dans le même sens.

• EXISTE-T-IL D'AUTRES PRÉSENTATIONS DE PRODUITS HOMÉOPATHIQUES ?

Oui... mais les principales et les plus couramment utilisées notamment pour l'auto-médication sont les granules et les gouttes.

Les globules présentés sous forme de petites doses à absorber en une seule prise sont le plus souvent réservés à des indications précises : par exemple OSCILLOCOCCINUM® pour le début des états grippaux.

• RÈGLES GÉNÉRALES D'UTILISATION :

- **Granules :** 5 par prise, en moyenne 3 fois par jour.
  Selon les circonstances il est possible de varier cette technique. Je vous indique dans ce livre pour chaque cas la quantité et la répétition souhaitable pour obtenir le meilleur résultat.

- **Globules :** 1 dose entière par prise (le contenu de tout le petit tube-dose).

- **Gouttes :** 20 gouttes 3 fois par jour.

ATTENTION : Les quantités à utiliser sont les mêmes quelque soit l'âge (enfant, adulte, âge d'or) pour les granules et les globules, MAIS PAS POUR LES GOUTTES : nourrisson, jusqu'à 2 ans : 5 gouttes 3 fois par jour ; enfant de 2 à 8 ans : 10 gouttes 3 fois par jour ; enfant de 9 à 12 ans : 15 gouttes 3 fois par jour ; au-dessus de 12 ans : comme les adultes. Je vous conseille par expérience d'utiliser des granules jusqu'à 8 ans, si besoin, en les faisant fondre dans un peu d'eau.

3. Comment faire ses premiers pas en homéopathie ?

TROIS «A» POUR FAIRE VOS PREMIERS PAS.

Ce que j'appelle les trois «A» (Aconit, Apis, Arnica) est une technique simple pour commencer à utiliser des produits homéopathiques et se faire une idée de leur rapide efficacité.

Pour avoir le maximum d'effet il faut les prendre dès le début des troubles, donc les avoir sous la main, dans votre sac, votre boîte à gants de voiture ou le tiroir de votre bureau...

1er cas : Vous éternuez, le nez coule. Vous avez pris un «coup de froid». Sucez 5 granules de **Aconit 7 ch**. Recommencez un quart d'heure après, puis une demi-heure, puis une heure plus tard.

2ième cas : Vous venez d'être piqué par une abeille. Prenez vite 5 granules de **Apis 7 ch** à reprendre 5 minutes après, puis 10 minutes, puis 15 minutes plus tard. Tout doit s'arranger très rapidement. Si vous vous savez allergique parlez-en à votre médecin qui étudiera votre cas particulier mais dans de nombreuses circonstances vous n'aurez pas un médecin sous la main... alors prenez Apis en attendant de le consulter.

3ième cas: Votre enfant tombe. Il arrive en pleurant, une bosse au front est en train de se former. Immédiatement, donnez **Arnica 7 ch**, 5 granules à répéter une demi-heure après, trois quarts d'heure après, puis une heure plus tard pour terminer. Si d'emblée le bleu est important, ajoutez une dose-globules de **Arnica 15 ch** en entier à laisser fondre sous la langue.

4. Qu'est-ce qui n'est pas de l'homéopathie parmi les thérapeutiques alternatives ?

Deux remarques importantes ;

• Je ne parle ici que des approches thérapeutiques utilisant des substances *à but médicamenteux* et n'aborde pas la question de l'intérêt de l'acupuncture, de la chiropratique, des approches psychologiques qui est grand mais n'entre pas dans le cadre de ce qui nous concerne ici.

• Le fait de dire ce qui n'est pas de l'homéopathie ne diminue en rien dans mon esprit, *l'intérêt potentiel* de ces autres thérapeutiques. Je souhaite simplement bien situer le problème afin que votre information soit précise et vous permette de faire de vrais choix pour votre santé.

Deux conditions impératives pour parler d'HOMÉOPATHIE :

• application du principe de similitude entre l'action toxique d'une substance et son pouvoir de guérison.

• préparation du médicament selon la technique dilution / dynamisation en laboratoire spécialisé.

Ce qui ne répond pas à l'application du principe de similitude et qui est utilisé à doses pondérables (c'est-à-dire que l'on peut peser, mesurer) comme en médecine classique :

1. LA PHYTOTHÉRAPIE

• Thérapeutique qui utilise les principes actifs des plantes selon le raisonnement classique des médicaments allopathiques.

• Les risques de toxicité sont moindres qu'avec les médicaments chimiques de synthèse mais ils existent cependant.

2. L'AROMATHÉRAPIE

• Thérapeutique très proche de la phytothérapie, utilise les huiles essentielles des plantes, selon le même raisonnement.

3. LA GEMMOTHÉRAPIE.

• Est une variante de la phytothérapie. Elle utilise les extraits de bourgeons de plantes. Elle est prescrite en 1ère décimale hahnemanienne donc à une dose encore forte et ne répond pas au principe de similitude.

Ce qui ne répond pas à l'application du principe de similitude et qui est utilisé à dose faible, parfois infinitésimale :

1. L'ORGANOTHÉRAPIE.

• Thérapeutique qui utilise des dilutions infinitésimales d'extraits d'organes dans le but de réguler les perturbations de ceux-ci.

• Intéressante dans le principe quand il s'agit de substances à activité hormonale (extraites de glandes endocrines) elle est beaucoup plus discutable dans les autres cas.

• C'est l'exemple du risque de confusion qui peut être fait avec l'homéopathie sous prétexte que le médicament est prescrit en CH : centésimales hahnemanniennes.

2. LA LITHOTHÉRAPIE

• Thérapeutique qui utilise des dilutions de minerais d'origine naturelle. Là encore les principes de son utilisation n'ont rien à voir avec l'homéopathie si ce n'est l'emploi de la 8ème dilution hahnemanienne pour leur prescription. Pourquoi 8ème ? Je l'ignore... Merci de m'en informer si vous avez des explications convaincantes...

3. OLIGOTHÉRAPIE.

• Cette thérapeutique que je classe dans cette catégorie

(organothérapie et lithothérapie) à propos de laquelle vous sentez sûrement une certaine réticence de ma part, mérite par contre d'être considérée comme très sérieuse.

• Elle utilise des substances indispensables à l'organisme pour assurer le bon fonctionnement de ses réactions cellulaires. Elle est active par la «présence» de ces subtances appelées OLIGO-ÉLÉMENTS.

• Ils existent à l'état normal en très faible quantité dans le corps mais il faut parfois en absorber pour pallier des carences (par excès d'utilisation ou par manque d'apport)

• Existant depuis plus de cinquante ans, l'oligothérapie a fait l'objet de travaux scientifiques permettant de confirmer son réel intérêt.

5. Comment fabrique-t'on et qui fabrique les médicaments homéopathiques ?

La préparation des médicaments homéopathiques nécessite la mise en oeuvre de techniques requérant une très grande précision. C'est pourquoi les **laboratoires homéopathiques** ont de tout temps mis au point des appareillages très sophistiqués pour cette fabrication.

De plus cette dernière demande un personnel hautement qualifié et une asepsie rigoureuse pour assurer la fiabilité du médicament.

Voici le mode de préparation tel qu'il est défini officiellement par la Pharmacopée française depuis 1983.

• le point de départ des médicaments se fait à partir de produits d'origine minérale, végétale ou animale.

• Nous partons donc d'une *substance de base* dont nous connaissons parfaitement l'origine, la composition et la définition

• ensuite la fabrication des **dilutions hahnemanniennes** est ainsi décrite : exemple

DILUTIONS CENTESIMALES :

« Disposez une série de flacons et de bouchons neufs, lavés à l'eau et séchés, en nombre correspondant au numéro de la dilution centésimale à obtenir.

Mettez dans un premier flacon UNE partie en poids de la substance de base, complétez à CENT parties en volume au moyen du véhicule approprié : alcool à 70%.

Secouez au minimum CENT fois.

La dilution obtenue est la première ch.

Prélevez UNE partie en volume de cette première ch. Versez-la dans le deuxième flacon contenant déjà 99 parties du véhicule. Secouez également CENT fois.

La dilution ainsi obtenue est la deuxième ch. Opérez de la même manière jusqu'à la dilution voulue.»

• les dilutions une fois préparées sont conservées dans des armoi-res à l'abri de la lumière et de l'humidité. C'est à partir de ces dilutions que seront fabriquées toutes les formes pharmaceutiques du médicament homéopathique.

• les deux formes les plus courantes de support médicamenteux sont les **granules** et les **globules**. Ceux-ci seront *IMPRÉGNÉS* de la dilution souhaitée en fonction de la demande.

• la présentation sous forme de **gouttes** existe également : le support de la dilution est alors de l'alcool à 30%.

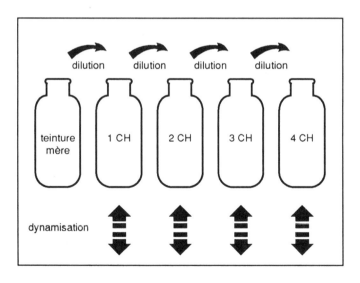

6. Les petites doses : ça agit ?

Vous l'ignorez peut-être, mais les éléments qui assurent le fonctionnement de votre corps circulent dans vos artères et vos veines et agissent au niveau de vos cellules à des doses très faibles bien que très efficaces.

• Quelques exemples :

1. **Les dérivés de la vitamine D**, si importante pour assurer le bon équilibre du calcium et du phosphore, circulent dans votre sang à la dose de 8 à 30 nanogrammes par millilitre, le nanogramme valant un milliardième de gramme...

2. **Les hormones** qui transportent les informations des glandes endocrines jusqu'aux tissus qui en ont besoin, circulent à des doses de l'ordre du nanogramme et même du picogramme : c'est-à-dire un millionième de millionième de gramme...

3. **Les «petites doses» dans le monde végétal :**

Voici ce que constatent les producteurs de betteraves : des modifications infimes de la teneur du sol en un oligo-élément, le bore, ont une action indéniable :

- une concentration de 10 moins 11 provoque une maladie (pourriture du coeur de la betterave).

- une concentration de 10 moins 10 la fait disparaître et assure une production normale,

- une concentration de 10 moins 9 devient par contre toxique.

4. Les «petites doses» dans le monde animal :

Le papillon mâle, «grand paon de nuit», détecte à une distance de 10 kilomètres, les phéromones sécrétées par une femelle papillon. Ces substances hormonales sont en quantités suivantes : 10 moins 20 milligrammes par centimètre cube, soit 0,000000000000000000001 milligramme.

> Vous constatez ainsi que l'argument utilisé pour nier l'efficacité possible de l'homéopathie du fait des petites doses auxquelles elle agit n'est pas irréfutable.

7. Y a-t'il des preuves scientifiques de l'action de l'homéopathie ?

Dans un livre destiné au grand public, il n'est pas possible de vous donner en quelques lignes les détails de tout ce qui est connu scientifiquement actuellement sur l'homéopathie.

Sachez que des travaux réalisés dans des laboratoires du monde entier ont été faits, se poursuivent et confirment la réalité du fait homéopathique.

il est maintenant démontré de façon absolue que des hautes dilutions de produits biologiques peuvent avoir une activité vérifiable selon les données de la recherche scientifique moderne.

Il y a donc «quelque chose» dans les médicaments homéopathiques.

Quand vous prenez des granules, vous prenez un véritable médicament dont l'intérêt majeur en dehors de son efficacité est de ne pas être toxique ni dangereux du fait de son mode de préparation qui en fait un «régulateur», un «stimulant» des réactions normales.

Sachez que la science classique de pointe recherche des médicaments qui vont dans ce même sens de stimulation.

Ceux d'entre vous qui souhaitent approfondir sérieusement et avec objectivité ces problèmes de recherche homéopathique peuvent se procurer de la documentation auprès des grands laboratoires homéopathiques qui y participent activement.

8. Le médicament homéopathique peut-il être dangereux ?

OUI et NON.

• **Non au sens de la toxicité directe de la substance utilisée.** En effet, le médicament homéopathique utilisé à doses infraphar-macologiques (dans la pratique, à partir de 4 ch) agit en stimulant les processus de défense propres à l'organisme si celui-ci en a besoin ; s'il est sensibilisé par une maladie (cela rejoint ce qui est observé en expérimentation animale où l'on sait qu'une dilution homéopathique ne peut guérir les troubles ou les prévenir que si l'organisme animal a été préalablement intoxiqué par cette subs-tance ou une substance ayant une action pharmacodynamique analogue à doses pondérales).

• **Oui**, le médicament homéopathique peut être dangereux dans certain cas si justement la stimulation de ce processus exagère trop la réaction de l'organisme et que celui-ci n'est pas capable de faire les frais de cette réaction ou que les circonstances cliniques contre-indiquent cette stimulation trop vive.

Exemple :

- *Hepar sulfur* peut accélérer un processus suppuratif ; si celui-ci siège dans une cavité fermée, le risque est grand.

- consultez la liste des médicaments à ne pas utiliser en AMH sans l'avis d'un professionnel de l'homéopathie p.54

9. Peut-on associer traitement allopathique et traitement homéopathique ?

Voici une question que les circonstances de la vie quotidienne obligent à se poser fréquemment.

Vous savez que le traitement homéopathique agit à deux conditions :

1. Vous devez avoir des capacités de défense naturelle en bon «état de marche».

2. Les lésions dont vous souffrez doivent être réversibles, c'est-à-dire à un stade d'évolution qui permette à votre'organisme de se rééquilibrer sans qu'il y ait des destructions tissulaires trop importantes.

Il est facile de comprendre que, lorsque la maladie est trop brutale, trop destructrice, quand l'organisme est «dépassé» et qu'il ne peut plus se «débrouiller» seul, il va être nécessaire de l'aider pour le soutenir.

On utilisera alors ce que l'on pourrait appeler des ***«béquilles»*** chimiques ; soit de façon temporaire (antibiotiques, corticoïdes, anti-inflammatoires par exemple) ; soit de façon permanente (hypotenseurs, anti-dépresseurs ou neuroleptiques dans des cas de maladies mentales graves). Ces exemples ne sont bien sûr que partiels car de nombreuses autres situations pathologiques peuvent exister.

Cela veut-il dire que l'on ne peut pas utiliser l'homéopathie dans les cas où le traitement classique est indispensable ? NON. Et voici comment :

Deux exemples très fréquemment rencontrés :

1. Une hypertension artérielle.

Le diagnostic de cette hypertension étant posé, il est décidé de prescrire des médicaments classiques pour amener les chiffres de la tension à un niveau raisonnable afin de protéger les parois artérielles des à-coups dangereux.

La prescription du traitemet homéopathique de terrain du malade va permettre, au bout de quelque temps, de diminuer les quantités de médicaments classiques indispensables avec, par conséquent, un moindre risque d'effets secondaires, une meilleure tolérance du traitement et donc une meilleure observance de celui-ci, élément capital pour son efficacité à long terme.

2. Un état dépressif réactionnel.

Pendant la période aigüe de cet état dépressif où l'organisme est débordé par le stress, anti-dépresseurs, tranquillisants, somnifères peuvent être indispensables. Mais il faut envisager de les arrêter un jour. Là encore le traitement homéopathique, d'abord en association, puis seul quand les circonstances cliniques le permettront, sera une excellente solution.

Dans tous ces cas il est nécessaire de connaître les **limites, les avantages et les inconvénients de chaque thérapeutique** ; c'est pourquoi ce genre de traitement ne peut être conduit que par un praticien averti et prudent.

---

10. Pourquoi les noms de médicaments sont-ils en latin ?

C'est une volonté de répondre à une exigence de clarté internationale plutôt que de vouloir faire «vieillot» ou «savant».

• Tous les homéopathes du monde prescrivent leurs médicaments sous la même dénomination.

Exemple :

- *Belladonna* 7 ch, 1 tube de granules.

Dans tous les pays cela veut dire : 1 tube de granules imprégnés par la 7e dilution centésimale hahnemannienne de *Belladonna*. Cette dilution est préparée à partir de la plante : Atropa belladonna.

11. Qu'est-ce que le terrain ?

Définition classique : «Le TERRAIN c'est la prédisposition de certaines personnes à contracter des maladies».

Le terrain s'exprime dans la méthode homéopathique par la RIM (Réaction lindividuelle du Malade).

Cette RIM, propre à chaque groupe d'individus, qualifie, personnalise les syndromes, les maladies dont le sujet est porteur.

Elle se définit essentiellement par des modalités d'aggravation ou d'amélioration des symptômes morbides ou de l'état de l'individu.

On tient alors compte de leur sensibilité climatique, de l'accentuation ou de l'amélioration des symptômes, ou de l'état général selon l'horaire, selon le chaud, le froid, et selon les circonstances de comportement extérieur.

C'est pourquoi le médecin homéopathe pose parfois des questions au malade qui lui paraissent ne pas avoir de rapport avec sa maladie. Il lui demande par exemple à quel moment de la journée il se sent le mieux sur le plan général ou le moins bien, de quelle façon il supporte la chaleur des pièces, la chaleur du soleil, ou le vent, ou l'orage.

Toutes ces questions sont destinées à préciser les caractères de la réaction individuelle. Il est évident que d'être sensible au chaud, au froid, n'est pas un symptôme de maladie ; par contre la modification de la sensibilité thermique est un signe de dérèglement de l'équilibre normal de l'individu en question.

Pour chaque personne, l'étude des aspects morphologiques (l'aspect physique) et celle des façons de se comporter (L'aspect psychologique) a permis d'établir depuis 200 ans, la *TYPOLOGIE HOMÉOPATHIQUE.*

Celle-ci décrit comme dans une galerie de musée des tableaux qui ont chacun leurs particularités: particularités physiques fonction des antécédents familiaux et personnels mais aussi particularités comportementales ainsi que les prédispositions à faire certaines maladies et à réagir d'une certaine façon dans ces cas.

Chacun de ces grands tableaux correspond à de grands médicaments homéopathiques que l'on appelle **médicaments de TERRAIN ou de FOND**. Ils sont les régulateurs comme dans une tour de contrôle de l'ensemble de votre corps et agissent pour prévenir le retour des troubles à répétition..

Le diagnostic de ces médicaments ne peut être fait que par un professionnel averti de l'homéopathie. Leur prescription demande beaucoup d'expérience et ce sont eux qui assureront la guérison en profondeur.

DANS LE CAS DE L'AUTO-MÉDICATION HOMÉOPATHIQUE vous utiliserez des médicaments d'action plus ponctuelle, plus localisée sur un problème. Tous ceux que je vous indique dans ce livre ont une relation avec les GRANDS. Ce sont les hommes de troupe qui sont en première ligne... appelons-les «casques bleus» qui sont là pour éviter que la situation ne s'aggrave....

---

12. QUI ÉTAIT SAMUEL HAHNEMANN

• Né à Meissen (Saxe) le 10 avril 1755, Christian-Frédéric-Samuel Hahnemann est le véritable fondateur de l'homéopathie.

Véritable mais non premier car le principe de similitude sur lequel se fonde cette façon de soigner avait été admis et étudié bien avant,

- par Hippocrate, lui-même «père» de la médecine quelques cinq siècles avant Jésus-Christ,

- puis sous la Renaissance par Paracelse.

Ces deux grands médecins l'avaient compris en utilisant ce principe résumé par la formule d'Hippocrate : «les semblables sont guéris par les semblables».

•Quand le petit Samuel naît, l'Europe vit, se soigne et meurt avec les remèdes propres au XVIIIe siècle : saignées, purges et lavements...

A Leipzig puis à Vienne, Hahnemann entreprend des études de médecine, puis de chimie. Puis il exerce à Dessau, Torgau, Dresde et à Leipzig. Mais rapidement sa lucidité l'amène à conclure à la faiblesse, voire à la nullité des soins qu'il prodigue.

Il décide donc d'abandonner l'exercice de la médecine. Non sans courage car il a charge de famille et des soucis pécuniaires. Le hasard rejoint la nécessité. Pour vivre il traduit des ouvrages médicaux. C'est à partir de ces documents que va s'élaborer une large réflexion scientifique. Il va découvrir sa voie en traduisant la matière médicale d'un médecin écossais William Cullen. Il y découvre la description des effets du quinquina.

Insatisfait des explications données à propos des effets de cette plante, il va lui-même chercher plus loin.

Nous sommes en 1790, Hahnemann a 35 ans. C'est une année charnière pour l'histoire des sciences. En effet, il veut vérifier l'affirmation suivante de Cullen «pour calmer les accès de fièvre des marais, on administre au malade du Quinquina du Pérou qui est lui-même capable de déclencher le même type de fièvre».

Hahnemann absorbe donc à doses répétées du quinquina. Très vite, il développe les mêmes symptômes qu'un sujet en crise : tremblements intenses, grande frilosité, somnolence... * Il suspend le quinquina : les troubles cessent. Hahnemann tient le fil de sa découverte : faire absorber certaines substances à un sujet sain peut provoquer chez lui des symptômes semblables à ceux que cette substance est susceptible de guérir à une autre dose.

Il va renouveler les essais avec d'autres médicaments que l'on utilisait habituellement comme médicaments à son époque (mercure, belladone, aconit, sumac, etc...) et constate que les résultats concordent. Il affine sa recherche, multiplie les observations sur lui-même et certains amis volontaires. Chaque fois les résultats confortent sa théorie : tel agent qui, à petite dose, traite la maladie, provoque chez un sujet sain, sensible à cet agent, à dose forte, les apparences de la maladie, c'est-à-dire un ensemble de symptômes semblables à cette maladie.

Il en déduit le principe de similitude suivant lequel une substance capable de déclencher à forte dose un ensemble de troubles chez un sujet sain est capable de guérir un même ensemble observé chez un sujet malade à une autre dose plus faible.

C'est seulement après six années de travail et de vérification que Hahnemann publie ses résultats. Nous sommes en 1796, date de la naissance de l'homéopathie admise officiellement.

La méthode expérimentale scientifique en homéopathie est établie, faisant de celle-ci une véritable médecine de l'expérience. Observation d'un fait, établissement d'une hypothèse, vérification expérimentale de celle-ci, définition d'une loi.

* Hahnemann emploie le terme habituel à son époque de «fièvres intermittentes, quotidiennes, tierces ou quartes». C'est le tableau du paludisme, mais celui-ci est inconnu comme tel à la fin du XVIIIe siècle (Laveran décrivit le parasite responsable de cette maladie en 1880).

• Hahnemann accède alors à la renommée. Il augmente le nombre de ses participations à des sociétés savantes car il était déjà connu avant cette découverte pour ses travaux médicaux classiques.

Révolutionnaire pour son temps (il suscite encore bien des passions), son caractère peu accommodant va lui valoir tout le reste de sa vie, joies, déceptions, luttes avec ses confrères et... ses élèves, jalousie, honneurs... toute la gamme de ce qu'un être d'exception peut générer quand il défend âprement ses idées et ses convictions.

Il a contre lui les médecins officiels, les pharmaciens à l'encontre desquels il faut dire qu'il ne ménage pas ses critiques et diatribes !

En 1821 il est médecin à la cour du Duc d'Anhalt-Köthen. Il vient d'être admis à la loge maçonnique «Minerve aux 3 palmes». Déjà en 1777, à Hermannstadt, il avait été admis dans la loge «Saint-André aux 3 canards». Sa vie semble devoir s'achever calmement au sein de sa patrie.

Cependant son destin va le conduire en France. Le guide qui l'y amènera sera une jeune intellectuelle et artiste parisienne: Mélanie d'Hervilly qui vient le consulter un jour à Köthen pour sa santé. Frappée par son génie, séduite aussi (ils se marieront en dépit de nombreuses années d'écart: 48 !), elle le convainc de venir à Paris pour y développer ses idées.

L'arrivée de Hahnemann dans la capitale en 1838 déclenche une polémique digne de celle à laquelle nous assistons actuellement. Il faut que Guizot, ministre de l'Instruction Publique de l'époque, prenne sa défense devant l'Académie de Médecine. L'histoire est un éternel recommencement...

«M. Hahnemann est un savant de grand mérite. La science doit être pour tous. Si l'homéopathie est une chimère ou un système sans valeur propre, elle tombera d'elle-même. Si, au contraire, elle est un progrès, elle se répandra malgré toutes nos mesures de préservation et l'Académie doit le souhaiter avant tout autre, elle qui a la mission de faire avancer la science et d'encourager les découvertes».

En 1991 à l'heure où j'écris ces lignes, l'homéopathie n'est pas tombée, elle se répand... Il est honnête de rappeler que cet appel pouvait également être un soutien fraternel pour Hahnemann de la part de son frère en maçonnerie Guizot.

Quoiqu'il en soit, Hahnemann pratique et enseigne à Paris avec un immense succès. Il y expire entouré d'honneurs le 2 juillet 1843 à 88 ans. Il est inhumé au Père-Lachaise. Son tombeau de marbre rose reçoit encore actuellement de nombreux visiteurs.

Son monument le plus important reste cependant la somme des oeuvres* qu'il nous a laissée et qui constitue la base de l'histoire, de la technique et de la pratique de l'homéopathie.

* Mémoire sur l'empoisonnement par l'arsenic (1786).Organon de l'Art de guérir(1810).Matière médicale pure (1811-1821).Doctrine et traitement homéopa-thique des maladies chroniques (1828).

13. Comment composer votre pharmacie homéopathique familiale ?

Dans un but très pratique je vous propose de commencer avec cette liste de 64 médicaments que j'ai choisis pour les raisons suivantes.

- ils correspondent exactement à ceux que vous allez *trouver dans ce livre*. Vous ne risquez donc pas de vous perdre dans des recherches compliquées.

- Ils vous permettent de résoudre *90% des problèmes* rencontrés quotidiennement.

- Certains d'entre eux sont plus fréquemment indiqués parmi ces 64. Je vous conseille de *les avoir en permanence à proximité de la main dans une trousse* conçue à cet effet. Vous pourrez l'emporter dans vos déplacements, au bureau, en vacances etc... Il y en a 22.

Un conseil pratique : vérifiez bien son contenu avant le départ surtout si vous allez dans un endroit où il vous sera difficile de trouver des médicaments homéopathiques.

Pensez que cela pourra être utile à votre famille mais aussi à vos compagnons de voyage. C'est comme cela que l'homéopathie se développe : par l'exemple....

Si vous abordez pour la première fois le monde de l'homéopathie cela peut vous paraître compliqué. *N'ayez pas peur*. Suivez attentivement les conseils que je vous donne. Vous serez étonnés de constater combien l'idée que l'homéopathie ne peut être utilisée que par des gens qui aiment se compliquer la vie et se regarder le nombril est fausse....

Si vous connaissez déjà bien l'homéopathie, j'espère que ce guide vous permettra de mieux encore clarifier vos idées et que son utilisation vous sera facilitée. Les nombreux conseils de culture médicale générale contenus dans ce livre sont là pour aider à votre réflexion sur votre santé.

Si par curiosité vous souhaitez approfondir vos connaissances sur les traitements de TERRAIN, la description des TYPES homéopathiques, les comportements, qui ne sont pas l'objet de ce livre vous pouvez consulter un ouvrage que j'ai écrit sur çes sujets, pour les professionnels de la santé, **"CONSEILLER L'HOMÉOPATHIE"**.

Je vous laisse faire connaissance avec vos 64 COMPAGNONS DE ROUTE sur le chemin de l'équilibre de votre santé....

Voici d'abord leur nom et la dilution utilisable en AMH. Vous trouverez leur origine, leurs principes actifs : ce qu'ils sont dans un index prévu à cet effet en fin de livre page 258.

Procurez-vous d'abord ces 22 tubes de granules qui sont les plus souvent indiqués. Vous constituerez avec eux votre trousse de bases que vous pourrez emporter avec vous comme je vous l'ai conseillé ci-dessus.

ACONIT 7 CH	COLUBRINA 7 CH
ALLIUM CEPA 7 CH	CUPRUM 7 CH
APIS 7 CH	FERRUM PHOSPHORICUM 7 CH
ARNICA 7 CH	GELSEMIUM 7 CH
ARSENIC ALBUM 7 CH	IAMARA 7 CH
BELLADONNA 7 CH	IPECA 7 CH
BRYONIA 7 CH	MERCURIUS SOLUBILIS 7 CH
CALCAREA CARBONICA 15 CH	PULSATILLA 7 CH
CHAMOMILLA 15 CH	PYROGENIUM 7 CH
CHINA 7 CH	RHUS TOXICODENDRON 7 CH
COLOCYNTHIS 7 CH	VERATRUM ALBUM 7 CH

Vous ajouterez à cette liste les 42 tubes de granules suivants qui compléteront votre pharmacie homéopathique familiale :

AESCULUS 5 CH	KALI BICHROMICUM 7 CH
AMBRA GRISEA 7 CH	KALI CARBONICUM 7 CH
AMMONIUM CARBONICUM 7 CH	KALI IODATUM 7 CH
ANACARDIUM 7 CH	KALI PHOSPHORICUM 7 CH
ANTIMONIUM CRUDUM 7 CH	LEDUM PALUSTRE 7 CH
ANTIMONIUM TARTARICUM 7 CH	MOSCHUS 7 CH
BARYTA CARBONICA 7 CH	NATRUM MURIATICUM 9 CH
BELLIS PERENIS 7 CH	PARATYPHOÏDINUM B.15 CH
CARBO VEGETABILIS 7 CH	PHOSPHORIC ACIDUM 5 CH
CHELIDONIUM 7 CH	PHYTOLACCA 7 CH
CIMICIFUGA 7 CH	PLATINA 7 CH
COCCULUS 7 CH	RHODODENDRON 7 CH
COESIUM MURIATICUM 7 CH	RUTA 7 CH
CORALLIUM RUBRUM 7 CH	SANGUINARIA 7 CH
DROSERA 7 CH	SILICEA 9 CH
EUPATORIUM PERFOLIATUM 7 CH	STAPHYSAGRIA 7 CH
EUPHRASIA 7 CH	STICTA PULMONARIA 7 CH
GLONOINE 7 CH	SULFUR IODATUM 9 CH
GRAPHITES 7 CH	TABACUM 7 CH
HAMAMELIS 7 CH	VACCINOTOXINUM 15 CH
HYPERICUM 15 CH	ZINCUM 7 CH

Vous serez alors en possesion de vos 64 médicaments qui correspondent tous à des indications contenues dans ce livre.

Dans un premier temps, pour vous familiariser avec l homéopathie vous pouvez vous contenter des 22 principaux et progressivement vous compléterez votre pharmacie homéopatique.

Il est également intéressantque vous ayez sous la main quelques spécialités homéopathiques d'utilisation pratique. :

- en comprimés : PARAGRIPPE
COCCULINE
RDF 101
BIOMAG
GASTROCYNESINE

- en pommade : HOMÉOPLASMINE
CICADERMA
RUDISTROL
ARNICA

- en doses de globules : OSCILLOCOCCINUM

- en sirop : STODAL et DROSETUX

Liste des médicaments à ne pas utiliser en auto-médication homéo-pathique sans l'avis d'un professionnel de santé.

HEPAR SULFUR	SULFUR
LACHESIS	THUYA
LYCOPODIUM	VIPERA
MERCURIUS CYANATUS	TUBERCULINUM
MERCURIUS CORROSIVUS	BOTHROPS
PHOSPHORUS	CACTUS
PSORINUM	NAJA
SEPIA	SAMBUCUS

5. LES RUBRIQUES

ABCÈS

Circonstances de l'AMH

• au début de la formation d'un abcès vous pourrez soit enrayer son évolution, soit le faire mûrir plus rapidement avant de consulter et prévenir ainsi les risques de *fistules*.

• si la guérison complète est lente vous pourrez l'accélérer.

Mon conseil en homéopathie

• dès le début :

BELLADONA 7 ch et FERRUM PHOSPHORICUM 7 ch : 3 granules alternés toutes les deux heures

et PYROGENIUM 7 ch : 5 granules deux fois par jour

• localement : onguent KLC® : deux applications par jour. Cet onguent contient deux plantes d'origine brésilienne : le MYRISTICA et le CYRTOPODIUM à action antiseptique.

• pour terminer une suppuration

SILICEA 9 ch : 5 granules matin et soir pendant 8 jours

Mon conseil médical : consultez si :

• abcès ou *furoncles* (infection d'un follicule pileux) ou *anthrax* (réunion de plusieurs furoncles) à répétition. Il y a possibilité de diabète débutant.

• localisation au niveau du visage et surtout des ailes du nez.

• les douleurs réveillent la nuit notamment en cas de *panaris* ou de douleurs sous un plâtre en cas de fracture.

Le coin du curieux

En 1987 on a démontré sur des cellules isolées de souris que la silice en dilutions homéopathiques stimulait la production de substances favorisant la cicatrisation. Il est difficile dans ce cas de parler d'influence psychologique comme le font trop souvent les détracteurs de l'homéopathie...

→ surmenage / fatigue
→ opérations chirurgicales.

ABDOMINALES (Douleurs...)

Circonstances de l'AMH

Elle doit être réservée à des situations très précises et limitées que je vous indique ci-dessous en étant vigilant quant aux consignes de prudence.

Mon conseil en homéopathie

Vous choisirez le médicament en fonction des signes suivants :

• selon les facteurs déclenchants

- COLOCYNTHIS 7 ch : à la suite de colère, si vous souffrez habituellement de **colite**. Douleurs de crampes améliorées par la pression forte et en étant plié en deux.

...5 granules à répéter 1/4 heure après si besoin (3 prises en tout)

- IAMARA 7 ch : suite de **soucis**, de contrariétés. Douleurs améliorées par la consolation ou la distraction

...même mode d'emploi

• selon les signes d'accompagnement :

- CHINA 7 ch : ballonnement digestif, gaz qui ne soulagent pas, tendance à la diarrhée indolore et fatigante.

... même mode d'emploi

- PODOPHYLLUM 7 ch : douleurs surtout dans la partie inférieure droite du ventre avec des gargouillements et envie d'aller à la selle dès après avoir mangé ou bu, parfois pendant. Médicament fréquemment indiqué dans les troubles du pancréas.

... même mode d'emploi

- COLUBRINA 7 ch : fausses envies d'aller à la selle, excès alimentaires et d'excitants, souvent hémorroïdes, langue pâteuse, chargée, amélioration de tous les troubles par un court sommeil (5 minutes à 1/4 heure pas plus)

... même mode d'emploi

> - N'UTILISEZ JAMAIS BRYONIA en cas de douleurs abdominales même si elles correspondent à son indication homéopathique c'est-à-dire : nette amélioration par la pression forte car ce médicament pourrait masquer l'évolution d'une crise d'appendicite.

Mon conseil médical

••• Une douleur abdominale quelle que soit sa localisation doit amener à consulter si les signes suivants sont présents ;

- fièvre même minime surtout s'il existe des nausées car risque d'**appendicite** ou d'**angio-cholite** (=infection des canaux de la vésicule biliaire) ou de **cholécystite** (infection de la vésicule biliaire elle-même) ou de **pancréatite** (= infection du pancréas)

- frissons et gêne urinaire : risque d'infection urinaire.

- retard de règles chez une femme en âge d'être enceinte : risque de **grossesse extra-utérine** nécessitant un diagnostic d'urgence.

- Crise douloureuse qui se calme et recommence identique
        quelques minutes après: risque
        de **torsion du testicule** chez l'enfant
        de **hernie étranglée**
        de **torsion de kyste de l'ovaire**
        d'**occlusion intestinale.**

Le coin du curieux

Les selles "impérieuses" qui indiquent PODOPHYLLUM sont appelées selles de "canard"... On retrouve souvent ce type de diarrhée
lors des poussées dentaires de l'enfant.

→ lithiases
→ diarrhées
→ voies U / G de la femme et de l'homme
→ vomissements
→ digestif (maladies de l'appareil...) CMG

ACCOUCHEMENT

Circonstances de l'AMH

• avant : elle permet de se préparer au traumatisme de l'accouchement

• pendant : elle facilite le déroulement du travail normal dans les conditions précises que je vous indique

• après : elle permet une meilleure récupération sur le plan local et général.

Mon conseil en homéopathie

• avant : consultez la rubrique : opérations. La préparation est identique même si vous ne devez pas avoir de césarienne. Celle-ci est d'ailleurs parfois décidée au moment de l'accouchement, alors soyez prête...

• pendant : un médicament accélère le travail normal, à condition bien sûr qu'il n'y ait pas de problème mécanique décelé par l'accoucheur.

CAULOPHYLLUM 5 ch : 5 granules à prendre dès le début de la dilatation du col toutes les 1/2 heures pendant la durée du travail.

Cette plante d'origine indienne appelée "squaw root" était utilisée traditionnellement pour faciliter les accouchements. En dilution homéopathique elle permet de gagner environ un tiers du temps sur la durée habituelle du travail. Toutes les femmes qui en ont fait l'expérience savent que ce gain est appréciable et de plus, réduit le traumatisme que représente l'accouchement pour l'enfant.

•après : consultez la rubrique surmenage.

Mon conseil médical

Vous pouvez utiliser ce que je vous indique ci-dessus sans aucune crainte pour vous ou l'enfant et prendre ces médicaments homéopathiques même si l'on vous prescrit des médicaments classiques indispensables et choisis par votre médecin par ailleurs.

Le coin du curieux

Une thèse de doctorat en médecine a été consacrée à CAULOPHYLLUM et a confirmé son intérêt lors du travail en 1981 à la Faculté de Limoges en France. Cette thèse réalisée à la maternité du centre hospitalier universitaire a montré que plus de 75% des femmes prenant Caulophyllum ont vu une facilitation de leur travail contre 12% pour celles qui ne le prenaient pas.

→ opérations
→ surmenage
→ anxiété
→ grossesse

ACNÉS

Circonstances de l'AMH

J'écris acnés au pluriel car il existe de nombreuses variétés de cette affection gênante sur les plans physique et psychologique.

Le traitement de TERRAIN homéopathique est particulièrement intéressant car la tendance à l'acné correspond à des tempéraments bien définis sur lesquels il est possible d'agir efficacement. Le seul inconvénient de ce traitement par ailleurs sans danger est sa durée. Pour avoir un bon résultat il faut de la patience.

L'AMH peut se faire pour soulager les troubles locaux.

Mon conseil en homéopathie

•SULFUR IODATUM 9 ch : l'iodure de soufre a une action sur toutes les acnés. Il atténue les phénomènes inflammatoires locaux.

5 granules matin et soir par période de 20 jours par mois

• NATRUM MURIATICUM 9 ch : si l'acné prédomine au visage et sur les épaules. Les boutons sont souvent violacés. Il y a des démangeaisons juste au bord du cuir chevelu et souvent une petite fissure au milieu de la lèvre inférieure.

10 granules au coucher deux fois par semaine (jeudi et dimanche par exemple)

•SILICEA 9 ch : si la tendance à la suppuration est nette chez un sujet habituellement fatigué, fatigable et... fatigant car il est de mauvaise humeur quand il est malade.

même mode d'emploi que NATRUM MURIATICUM

• localement : n'appuyez pas sur vos boutons... vos **comédons**... nettoyez-les avec du CALENDULA en liquide puis mettez de la pommade CICADERMA®

Mon conseil médical

• consultez un dermatologue car le traitement local est très important et choisi en fonction de votre type d'acné.
S'il connaît l'homéopathie, il vous prescrira votre traitement de terrain en complément. Sinon voyez un homéopathe.

• l'acné rosacée survient entre 30 et 40 ans. C'est un problème de peau d'origine vasculaire et en relation avec l'état général. Il faut consulter et éviter toute exposition au soleil.

• en cas de poussées inflammatoires, utilisez d'abord les médicaments homéopathiques de l'inflammation et ne passez aux antibiotiques que si cela est vraiment indispensable.

Le coin du curieux

Les adolescents porteurs d'acné sont souvent des tempéraments que l'on appelle introvertis. C'est-à-dire que leur réflexe naturel devant une situation est de se replier sur eux-mêmes.

Ce sont souvent des enfants calmes, réfléchissant beaucoup, imaginatifs mais réservés, pudiques et n'aimant pas leur aspect physique. Parlez avec eux, vous constaterez que bien des poussées au niveau du visage se déclenchent dans des situations qu'ils ne veulent ou ne peuvent pas affronter comme pour se faire un "rempart" devant un environnement trop agressant.

Encore une fois la maladie semble être à la fois 100% physique ET 100% psychologique, comportementale.

→ abcès
→ anxiété
→ irritabilité

→ TERRAIN +++ : à chaque fois que vous trouverez cette indication, vous saurez que le traitement de terrain est indispensable pour avoir un résultat durable. Il devra être établi par un professionnel de l'homéopathie.

ALLERGIES CUTANÉES

Circonstances de l'AMH

Elle est possible uniquement pour calmer les troubles liés aux réactions allergiques au niveau de la peau : **eczémas**, urticaire.

Il faut savoir d'emblée que le véritable traitement sera celui du TERRAIN allergique qui permet par son hypersensibilité de présenter ces troubles. Dans ce cas, l'homéopathie est particulièrement bien indiquée et efficace, au prix d'un traitement régulier et demandant de la persévérance au malade mais aussi à l'homéopathe.

Mon conseil en homéopathie

• APIS 7 ch ; la peau est gonflée, rosée. Les douleurs sont piquantes, brûlantes et améliorées par le froid localement.

5 granules à répéter 1/2 heure après, puis espacer en fonction de l'amélioration pendant la crise

• ARSENIC ALBUM 7 ch ; la peau est peu gonflée, plutôt sèche. Les douleurs sont brûlantes et améliorées par la chaleur locale.

5 granules 3 fois par jour (pas plus souvent)

• localement, faites les mêmes soins que pour les démangeaisons de la varicelle (voir cette rubrique).

Mon conseil médical

• consultez pour faire le bilan allergologique de votre cas. Cela permettra de choisir le traitement de TERRAIN.

• sachez qu'un sujet allergique est un sujet normal mais qui réagit trop intensément. Il faut régler cette hypersensibilité qui s'exprime au niveau biologique, immunologique mais aussi psychologique. Pour tout cela l'homéopathie est reine.

• un allergique grave devrait toujours avoir à portée de la main, une ampoule auto-injectable d'adrénaline médicament de l'extrême urgence en cas de choc allergique. Parlez-en à votre médecin si c'est le cas.

Le coin du curieux

L'hypersensibilité d'un allergique peut être telle que les réactions les plus surprenantes peuvent se voir, à partir de n'importe quelle substance :

- aliments bien sûr, mais aussi boissons (par exemple : extraits de quinquina dans les "tonics")

- odeurs de crustacés. Les odeurs ont un support matériel fait de molécules invisibles mais qui transportent leurs messages.

- latex des condoms (de plus en plus fréquemment)

- pages d'un Missel : observation personnelle que j'ai pu faire chez un de mes anciens patients...

→ insectes (Piqûres d'...)
→ peau (Maladies de la...) CMG
→ TERRAIN +++

ALLERGIES RESPIRATOIRES

Circonstances de l'AMH

Elle est possible dans les mêmes conditions que pour les allergies cutanées car là encore le véritable traitement est celui du TERRAIN.

Mon conseil en homéopathie

• RHUME DES FOINS

En crise, il est très difficile de choisir en auto-médication LE médicament précis. Je vous conseille de prendre une spécialité homéopathique qui est efficace dans ces cas: RDF 101®.

2 comprimés à croquer puis laisser fondre dans la bouche toutes les heures puis toutes les deux heures pendant la crise. Cette spécialité contient de l'herbe à poux en dilutions homéopathiques.

• ASTHME : voir la rubrique à ce nom.

Mon conseil médical

Il est identique à celui que je vous donne pour les allergies cutanées en vous rappelant que l'on peut parfaitement suivre un traitement homéopathique de TERRAIN pour la prévention des troubles et traiter les crises aigües avec un médicament classique qui, en général, soulage plus vite.

Apprenez seulement à ne pas en abuser car leurs effets peuvent s'épuiser, ce qui amène à augmenter les doses ce qui n'est pas sans inconvénient à long terme.

Le coin du curieux

Il semble que les allergiques dont l'organisme est en permanence en état d'hyperréactivité, trouvent dans celui-ci une protection contre les maladies lésionnelles graves. Leur système immunitaire ainsi toujours en éveil aurait de meilleures capacités d'adaptation.

Un éminent spécialiste des maladies respiratoires allergiques dit que ce sont les allergiques qui permettront la conservation de l'espèce humaine...

→ rhumes
→ asthme
→ respiratoire (Maladies de l'appareil...) CMG
→ TERRAIN +++

ANXIÉTÉ

Circonstances de l'AMH

Sensation de peur sans raison, d'anxiété avec palpitations, trem-blements, impression d'étouffements, d'étourdissements et peur de s'évanouir.

Mon conseil en homéopathie

• GELSEMIUM 7 ch : faiblesse, jambes coupées, comme le trac, *bégaiement*, diarrhée émotive, ***tremblements*** *+++* ***émotivité*** *+++*.

• IAMARA 7 ch : impression de ***boule à la gorge***, de palpitations, suite de choc émotionnel, aggravation par les odeurs d'aliments ou de tabac, amélioration par la distraction.

• MOSCHUS 7 ch : comme IAMARA mais en plus impression de perte de contrôle de soi, fourmillements, ***spasmes*** des paupières ou de muscles au niveau du visage.

• ACONIT 7 ch : anxiété ++ avec besoin de ***bouger***, impossibilité de tenir en place.

En pratique : prendre systématiquement ACONIT et un de ces 3 médicaments en fonction des signes : exemple :

ACONIT 7 ch et GELSEMIUM 7 ch : 3 granules de chaque ensemble à répéter 1/4 heure après si besoin au moment des crises (3 prises en tout)

Mon conseil médical : consultez si :

• persistance ou répétition trop fréquente de ces troubles.

• association avec insomnie, amaigrissement ou idées "noires".

• modification de l'humeur : désintérêt pour les activités habituelles.

Le coin du curieux :

Ces troubles sont appelés *attaque de "panique"* du nom du dieu de la mythologie PAN qui "débalançait" les éléments et les humains autour de lui à l'aide de la flûte dont il serait l'inventeur...

→ surmenage
→ sommeil (Troubles du...) insomnies
→ dépression nerveuse

APPÉTIT (Troubles de l'...)

Circonstances de l'AMH

Elle est très fréquente pour des manifestations passagères correspondant à du surmenage ou des phases d'adaptation (changements scolaires, déménagements, voyages, changements de saison, suite de maladies).

Mon conseil en homéopathie

• appétit diminué

•NATRUM MURIATICUM 9 ch : avec soif, désir d'aliments salés, de sel, irritabilité. Parfois l'appétit est normal mais pendant quelque temps le sujet *maigrit* ou bien ne prend pas de poids en rapport avec la quantité de ce qu'il mange.

5 granules 3 fois par jour (1/2 heure avant les 3 repas)

•PULSATILLA 7 ch : avec aversion pour les *aliments gras*, les boissons chaudes et désir d'aliments acides et de boissons fraiches, amères et pétillantes.

même mode d'emploi

• CALCAREA CARBONICA 15 ch : indication très particulière pour les personnes qui perdent l'appétit, habituellement fort, quand elles travaillent beaucoup intellectuellement.

même mode d'emploi

• appétit exagéré. Boulimie. Fringales.

• ANTIMONIUM CRUDUM 7 ch : pour tous les aliments. C'est la quantité qui compte. Gloutonnerie. Surcharge digestive avec langue chargée et diarrhée facile.

5 granules 3 fois par jour. Même mode d'emploi. Si besoin prendre 3 granules en cas de fringale importante dans la journée.

• ANACARDIUM 7 ch : avec beaucoup d'irritabilité, tendance à devenir grossier. Amélioration très rapide de l'ensemble des troubles dès la première prise alimentaire.

même mode d'emploi

• IAMARA 7 ch : fringale déclenchée par les soucis, les chagrins, les émotions.

même mode d'emploi

• STAPHYSAGRIA 7 ch : fringale déclenchée par des contrariétés «rentrées», qui ne peuvent s'exprimer avec sentiment d'injustice et d'indignation. Vous ne pouvez «mordre» alors vous croquez un aliment...

même mode d'emploi

Mon conseil médical

• prenez un avis médical si vos troubles durent plus de 15 jours ou s'ils se répètent après amélioration temporaire, ou s'ils s'accompagnent des signes décrits à la rubrique surmenage, fatigue.

Le coin du curieux

La *boulimie*, sensation de faim extrême est un mot qui vient du grec et veut dire : faim de boeuf (=boulimia)...

ANTIMONIUM CRUDUM : le remède des gloutons correspond à ces enfants qui préparent des petits tas de morceaux de pain à côté de leur assiette avant de manger...

→ anxiété
→ irritabilité
→ obésité
→ surmenage, fatigue

ASTHME

Circonstances de l'AMH

Elle ne peut se faire que pour calmer des crises légères ou agir sur certains des facteurs émotionnels qui peuvent favoriser le déclenchement de ces crises.

En effet le véritable traitement est celui de la prévention. L'homéopathie par son action sur le TERRAIN, est particulièrement indiquée dans ces cas.

Souvent efficace chez l'enfant et l'adolescent son action sera plus limitée pour l'adulte porteur d'un asthme ancien et habitué aux médicaments classiques. Un bilan médical complet est toujours nécessaire.

> Comme dans d'autres circonstances, il est tout à fait possible de suivre un traitement homéopathique de TERRAIN et de traiter les crises aiguës par la thérapeutique classique.

Les crises s'espaceront, seront moins intenses et pourront au bout d'un certain temps réagir au seul traitement homéopathique.

Mon conseil en homéopathie

• dès le début de la moindre atteinte respiratoire utilisez les médicaments de l'INFLAMMATION de la sphère ORL. C'est capital pour couper des crises qui, souvent, se déclenchent au bout de 3 ou 4 jours de rhume qui traîne.

• BRYONIA 7 ch et IPECA 7 ch : sont à prendre dès qu'apparait une petite toux sèche et sifflante.

5 granules de chaque ensemble à répéter 1/2 heure après si besoin... (3 prises en tout)

• ANTIMONIUM TARTARICUM 7 ch : est à prendre de la même façon si la toux est plus grasse. Ce médicament peut faciliter le rejet de mucosités qui signent la fin de la crise.

• cherchez dans les médicaments de l'anxiété, de l'irritabilité, du surmenage celui qui pourrait être indiqué juste avant que la crise ne se déclenche. Exemple : une crise habituellement après une contrariété rentrée peut être évitée si vous prenez STAPHYSAGRIA au moment de cette contrariété.

Mon conseil médical

• traitez les crises fortes par allopathie.

•traitez le TERRAIN par homéopathie.

Le coin du curieux

Toute "crise" d'asthme, en dehors de ses explications physiques, immunologiques, biologiques veut dire "quelque chose" pour l'asthmatique.

Le sujet, au travers de son appareil pulmonaire, transmet un message pour demander de l'aide, pour dire "vous voyez comme c'est sérieux puisque je risque de m'étouffer, de manquer d'AIR".

La pneumologie est la spécialité qui s'occupe des poumons. Pneuma en grec c'est le souffle. Le souffle en latin c'est l'esprit.

Toute maladie semble être à la fois 100% physique ET 100% comportementale ? C'est l'opinion de nombreuses personnes qui réfléchissent à propos de la santé et de ses déséquilibres.

→ inflammation de la sphère ORL
→ toux
→ anxiété
→ irritabilité
→ croissance
→ surmenage
→ allergies respiratoires
→ respiratoire (Maladies de l'appareil...) CMG
→ TERRAIN +++

BOUCHE et LÈVRES (Maladies de ...)

Circonstances de l'AMH

Elle est possible pour calmer les inflammations

- de la bouche : **APHTES/GINGIVITES**

- des lèvres : **CREVASSES**

Mon conseil en homéopathie

- IAMARA 7 ch et MERCURIUS SOLUBILIS 7 ch : association indiquée dans les **APHTES.**

5 granules de chaque ensemble 3 fois par jour en période de crise. localement : CALENDULA T.M (teinture-mère) en liquide avec un coton-tige. Toucher juste l'aphte. cela "pique" un peu mais soulage.

- FERRUM PHOSPHORICUM 7 ch et CHINA 7 ch : atténuent le saignement et l'inflammation des **gencives sensibles.**

5 granules de chaque 3 fois par jour en crise

- NITRI ACIDUM 7 CH: calme les douleurs des **crevasses** au coin des lèvres. Il peut être indiqué dans les aphtes quand MERCURIUS ne soulage pas complètement.

5 granules 3 fois par jour

Mon conseil médical

- le traitement homéopathique de TERRAIN est utile et souvent le seul efficace pour prévenir les aphtes qui traduisent des problèmes des capillaires sanguins au niveau des muqueuses chez des sujets souvent anxieux.

• consultez devant toute plaie ou ulcération de la bouche ou des lèvres qui a tendance à saigner spontanément ou au contact ou si elle repose sur une base dure.

Le coin du curieux

De nombreux troubles au niveau de la bouche proviennent en dehors d'une mauvaise hygiène dentaire, de carences en certaines vitamines. Il faut dépister laquelle et utiliser des compléments alimentaires éventuellement.

→ dents (Maladies...)
→TERRAIN +++

BOUFFÉES DE CHALEUR.

Circonstances de l'AMH

Elle est possible pour: les bouffées de chaleur de la ménopause : les bouffées s'accompagnant de transpiration excessive dans d'autres cas.

Mon conseil en homéopathie

• BELLADONNA 7ch: sueurs abondantes. Localisation à la tête au visage avec sensation de battement, de "dégagement" de chaleur.

5 granules au moment des troubles à répéter si besoin 1/2 heure après. Médicament souvent indiqué chez l'homme autour de la cinquantaine(c'est l'andropause: équivalent de la ménopause)

• IAMARA 7ch : déclenchement par les soucis, les contrariétés . Intolérance aux odeurs de parfums, de tabac. Sensation de "boule" à la gorge.

5 granules au moment des troubles à répéter si besoin 1/2 heure après.

• SANGUINARIA 7 ch : sensation de chaleur circonscrite aux joues et souvent mal de tête au-dessus des yeux. Troubles améliorés par l'émission de rots, de gaz abdominaux.

même mode d'emploi

• GLONOINIUM 7 ch : sensation de battement au niveau des carotides, du cou, des extrémités des mains.

même mode d'emploi

Mon conseil médical

• consultez si pas d'amélioration rapide avec ces médicaments.

Le coin du curieux

GLONOINUM c'est la trinitrine ou nitroglycérine. Les ouvriers qui manipulent ce produit peuvent voir apparaître des bouffées de chaleur ou des douleurs comme de l'angine à son simple contact.

→ ménopause et préménopause
→ maux de tête
→ hypertension artérielle

BRÛLURES

Circonstances de l'AMH

Celle-ci est possible dans les brûlures du premier degré, peu étendues, ressemblant au classique coup de soleil.

Mon conseil en homéopathie

• localement appliquer de la pommade CICADERMA® ou de la pommade HOMÉOPLASMINE® en couche mince. Éviter cette dernière chez le nourrisson.

• par la bouche prendre :

- APIS 7 ch : peau enflée, rosée, douleurs piquantes et brûlantes, aggravées par la chaleur locale, améliorées par le froid.

5 granules à répéter 1/4 heure après pendant une heure, puis toutes les 2 heures pendant 24 heures, puis 3 fois par jour jusqu'à la fin des troubles.

APIS est "le" médicament du coup de soleil

- ARNICA 7 ch : douleur de meurtrissure, aspect violacé, insomnie (le lit semble trop dur).

même mode d'emploi

- BELLADONNA 7 ch : peau très rouge, irradiant de la chaleur, sensation de battement local.

même mode d'emploi

Mon conseil médical

• La gravité d'une brûlure dépend de plusieurs facteurs : sa profondeur, son étendue, sa localisation et du sujet lui-même : âge et état de santé habituel.

• Consultez si :

- la brûlure dépasse le premier degré c'est-à-dire s'il y a apparition de cloques.

- c'est un enfant et à plus forte raison un nourrisson qui est brûlé.

- elle siège au visage, aux plis de flexion, aux mains.

Le coin du curieux

Le premier geste conseillé en cas de brûlure banale est de faire couler dessus de l'eau pas trop froide pendant 5 à 10 minutes.

Si vous étiez en plein désert, vous pourriez avoir la chance de trouver une variété d'ALOE VERA dont les feuilles contiennent une gelée à effet calmant et cicatrisant sur les brûlures. Le Créateur semble avoir tout prévu...

→ plaies
→ insolation

CARDIO-VASCULAIRE (Maladies de l'appareil...)

CULTURE MÉDICALE GÉNÉRALE

- **Dans la majorité des cas il est nécessaire de consulter** pour éliminer une atteinte organique et surtout si :

   - douleurs au niveau du thorax déclenchées par l'effort, le vent froid ou des contrariétés violentes.

   - douleurs au creux de l'estomac comme une indigestion chez un adulte jeune au cours d'un effort ou après celui-ci.

   > dans ces deux cas il peut s'agir de douleurs *d'angine de poitrine* voire d'*infarctus* du myocarde.

   - douleurs thoraciques à la fin de l'inspiration profonde lors d'un état grippal : elles peuvent traduire une **péricardite** (inflammation de l'enveloppe du coeur).

- **Au niveau des membres inférieurs : avis médical si:**

   - douleur obligeant à s'arrêter de marcher, accalmie par le repos, puis marche à nouveau possible : c'est une douleur d'**artérite** (inflammation de la paroi des artères). Ce signe est appelé : claudication intermittente.

   - gonflement d'une seule jambe chez un sujet ayant des varices : il peut s'agir d'une **phlébite** (inflammation d'une veine profonde). Cela peut se voir chez un sportif après un effort physique intense.

   - gonflement des deux chevilles chez un insuffisant cardiaque : **oedème**

   - douleur brutale avec sensation de froid glacial dans une jambe : il peut s'agir d'une **embolie artérielle** (l'artère est bouchée par un caillot de sang)

• **Un malade cardiaque** qui a un peu de fièvre, même légère, doit consulter car il y a un risque d'***endocardite*** (inflammation de la paroi interne du coeur) qui nécessite un traitement antibiotique d'urgence.

CHEVEUX (Maladies des...)

Circonstances de l'AMH

Elle pourra être utile

Pour agir sur les facteurs émotionnels qui sont souvent en cause dans les chutes de cheveux sans raison infectieuse ou mycosique (champignons)

Pour atténuer et soulager la tendance aux *croûtes de lait* du cuir chevelu chez l'enfant.

Le traitement homéopathique du TERRAIN permettra de réduire la tendance à la **séborrhée** (cheveux gras) ou aux pellicules qui est le témoin d'une prédisposition particulière de certains sujets.

Mon conseil en homéopathie

• PHOSPHORIC ACIDUM 5 ch : aidera à la repousse des cheveux qui tombent à la suite de **surmenage** physique ou de chocs émotionnels.

5 granules 3 fois par jour 5 jours sur 7 pendant un mois

• STAPHYSAGRIA 7 ch : agira dans les mêmes conditions mais la cause déclenchante sera une **contrariété** vive avec indignation et sentiment d'injustice. De plus il existe un fréquent besoin de se gratter au niveau de la nuque ce qui entraine des lésions cutanées chroniques.

5 granules 3 fois par jour 5 jours sur 7 pendant un mois

• ANTIMONIUM CRUDUM 7 ch : est le médicament des **croûtes de lait** de ces enfants gros mangeurs, gloutons qui transpirent facilement du cuir chevelu au moment où ils s'endorment.

5 granules 3 fois par jour

• CALCAREA CARBONICA 15 ch : est à ajouter systématiquement dans ce cas pour compléter l'action d'ANTIMONIUM.

10 granules au coucher, lundi et jeudi pendant un mois

Mon conseil médical

• Les problèmes de **pelade** ou **alopécie** (chute brutale et localisée des cheveux) nécessitent un diagnostic spécialisé. Il apparait des zones totalement sans cheveux. On parle de pelade décalvante en clairières. C'est poétique mais très difficile à soigner même classiquement.

•Aucun traitement médical ne peut modifier la disposition des cheveux qui est un facteur héréditaire comme la couleur des yeux. De même pour la **canitie** qui est le fait d'avoir précocement les cheveux blancs.

Le coin du curieux

La trichotillomanie consiste à s'arracher volontairement des touffes de cheveux. C'est un tic qui traduit un trouble du comportement qui se voit le plus souvent chez les enfants.

Ce livre vous aidera au moins à réussir vos prochains mots croisés...

→ anxiété
→ irritabilité
→ peau (Maladies de la...) CMG.
→ TERRAIN +++

CHEVILLES et PIEDS

Circonstances de l'AMH

Elle est possible pour

– les traumatismes : entorses, foulures

– douleurs d'arthrose des orteils, du talon

– les crampes des orteils

– certaines névralgies

Mon conseil en homéopathie

• *traumatismes* : voir cette rubrique à *entorses*. Le traitement permettra d'éviter bon nombre de douleurs après entorses et renforcera les ligaments de la cheville.

•*arthrose des orteils* : mêmes médicaments que pour les doigts consultez la rubrique MAINS / DOIGTS / POIGNETS du talon : voir épine de Lenoir à douleurs OSSEUSES .Si PLATINA ne suffit pas, ajouter KEKLA LAVA 15 ch : 5 granules matin et soir

• *crampes* des orteils :

CUPRUM 7 ch : 5 granules au moment de la crise à répéter si besoin 1/2 heure après

• *névralgie* localisée à l'avant du pied entre le gros orteil et le deuxième orteil. Due souvent à une anomalie mécanique de la voûte plantaire qui justifie un traitement local, elle peut cependant être soulagée par

HYPERICUM 15 ch : 5 granules à répéter 1/2 heure après si besoin

Mon conseil médical

• consultez la rubrique Rhumatismes (CMG)

• une crise douloureuse du gros orteil qui devient violacé est souvent due à la goutte : voir excès d'acide urique à la rubrique

MAINS / DOIGTS / POIGNETS. Les médicaments sont les mêmes. (APIS / LEDUM PALUSTRE)

• si vous avez sans raisons mécaniques évidentes les chevilles qui "tournent", consultez. C'est peut-être que vous êtes en état de moindre vigilance à l'occasion de surmenage nerveux...

Le coin du curieux

La cheville dans de nombreuses traditions est une zone du corps féminin ayant trait à la sexualité. Pour les chinois la finesse des chevilles est une marque de beauté. L'habitude de porter un petit bracelet à la cheville pour marquer son attachement sexuel à l'être aimé existe dans plusieurs traditions.

On dit que pour indiquer à sa femelle son désir d'accouplement la cigogne mâle lui mordille la cheville... Il est amusant de noter que dans de nombreuses légendes, c'est aussi elle qui apporte les enfants...

→ rhumatismes (CMG)
→ traumatismes
→ mains / doigts / poignets
→ osseuses (Douleurs...)
→ surmenage, fatigue

CONSTIPATION

Circonstances de l'AMH

• Définition : retard à l'évacuation des selles quelle qu'en soit la cause. L'AMH est utile dans ces cas en complément d'une modification des habitudes alimentaires indispensable dans les problèmes de constipation chronique.

Mon conseil en homéopathie :

• ALUMINA 7 ch : efforts importants pour obtenir une selle qui est normale de consistance et d'aspect.

• GRAPHITES 7 ch : absence d'envie d'aller à la selle, paquets de petits morceaux de selles réunis par des glaires.

• COLUBRINA 7 ch : besoins inefficaces et fréquents.

• PLATINA 7 ch : constipation en voyage ou lors de changements d'habitude.

Tous ces médicaments sont à prendre 5 granules 3 fois par jour.

Mon conseil médical

Consultez un médecin si votre constipation persiste, si elle alterne avec de la diarrhée.

L'avis d'un diététicien ou d'une diététicienne est utile.

Le coin du curieux :

La médecine chinoise connaît depuis des siècles la relation entre le fonctionnement énergétique du gros intestin et des voies respiratoires. De nombreuses personnes, peut-être vous-même, ont constaté que leur nez se bouche pendant la digestion ou qu'ils éternuent à ce moment. Il faut donc traiter l'intestin plutôt que le nez dans ces cas... un détail amusant supplémentaire : enrhumé en espagnol se dit... Constipado...

La constipation de Platina est d'origine plutôt psychologique. C'est le fait de ne pas être dans un milieu connu, avec la crainte de la saleté qui le stresse.

→ hémorroïdes
→ diarrhées
→ digestif (CMG)

CONTRACEPTION
et HOMÉOPATHIE

Il n'y a **pas de contraception possible** avec les médicaments homéopathiques qui, par définition, régularisent, stimulent des phénomènes physiologiques normaux, alors que les contraceptifs classiques ont pour but de bloquer l'ovulation.

Il n'y a **pas d'incompatibilité** entre la prise d'anovulants et un traitement homéopathique en dehors du retentissement éventuel de ces produits pour la femme.

En effet ce type de *contraception modifie* à l'évidence le fonctionnement physiologique, normal de l'organisme et pose un certain nombre de problèmes qu'il faut aborder avec votre homéopathe en sachant que la question de votre fécondité est votre responsabilité et que c'est vous qui avez le droit de choisir le procédé le mieux adapté à votre vie personnelle.

La connaissance des TERRAINS homéopathiques permet d'assurer une surveillance plus vigilante chez certaines femmes en fonction de leurs prédispositions à faire des troubles prévisibles :

• les femmes correspondant à SEPIA ou PULSATILLA auront plus facilement des troubles circulatoires veineux

• celles qui auraient besoin de THUYA ou NATRUM SULFURICUM feront des troubles de rétention d'eau et de prise de poids.

COQUELUCHE

Circonstances de l'AMH

Elle se résume aux quelques indications que je vous donne ci-dessous. Cette maladie infectieuse, contagieuse, caractérisée par des quintes de toux avec "chant du coq" (=coqueluche) suivies de vomissements, nécessite en effet une surveillance médi-cale attentive sur le plan respiratoire et neurologique.

Le traitement homéopathique que vous trouverez indiqué dans de nombreux livres de conseils a été et reste très efficace à condition de choisir les médicaments avec précision selon les stades de l'évolution. Il ne faut pas "bricoler" dans ces cas.

Mon conseil en homéopathie

• DROSERA 7 ch : est le médicament qui correspond exactement à la toux coqueluchoïde. Il peut être utile pour les enfants qui toussent comme cela après une vaccination anti-coquelucheuse.

5 granules à chaque crise de toux

• CARBO VEGETABILIS 7 ch : dès le début d'une coqueluche déclarée atténue l'intensité des crises. Il peut être pris même si un traitement classique est prescrit.

10 granules au coucher 3 jours de suite

> • le traitement homéopathique de TERRAIN est utile dans les suites de coqueluche.

Mon conseil médical

> • avis médical pour toute coqueluche déclarée

Le coin du curieux

Le terme de quinte était utilisé par les anciens médecins pour décrire une toux qui revenait toutes les cinq heures.

→ toux
→ vaccinations et homéopathie
→ auto-médication homéopathique

COU (Douleurs du...)

Circonstances de l'AMH

Elle est possible en cas de douleurs musculaires :

• **torticolis** : contracture suite de coup de froid, de mauvaise position dans le sommeil ou d'effort parfois minime : toux, **éternuement**,

• contractures des muscles de la nuque en cas d'arthrose cervicale.

Mon conseil en homéopathie

• ARNICA 7 ch et CIMICIFUGA 7 ch :
5 granules de chaque ensemble 4 fois par jour en cas de *torticolis*.

• CESIUM MURIATICUM 7 ch : est spécifique des *douleurs cervicales en cas d'arthrose*. Il s'agit de CESIUM et non pas de CERIUM avec lequel on le confond souvent. C'est la substance qui s'est dégagée en grande quantité du nuage de TCHERNOBYL en compagnie d'IODE radio-actif.

5 granules 4 fois par jour en crise

• localement massez-vous avec de la pommade RUDISTROL®.

Mon conseil médical

• consultez la rubrique RHUMATISMES

• une gêne au niveau du cou peut également être due :

   – à des ganglions au cours d'une maladie à virus
   – à une modification de volume de la glande thyroïde
   – à une sensation de boule dans la gorge dans l'anxiété
   – à une inflammation de la gorge.

consultez dans tous ces cas.

Le coin du curieux

Avez-vous remarqué une réaction fréquente quand on se sent agressé ? La tendance spontanée est de se pencher en avant en tendant la nuque. De nombreuses douleurs à ce niveau sont liées au stress quotidien. Pensez-y et détendez-vous pendant que vous lisez ces lignes...

→ rhumatismes (CMG)
→ ganglions
→ maux de gorge
→ anxiété

COUDE (Douleurs du...)

Circonstances de l'AMH

Elle est possible dans les suites de **traumatisme**, dans les **tendinites** (notamment chez les joueurs de tennis, les golfeurs, les pêcheurs de truite ou de saumon, mais oui le mouvement du lancer est souvent cause de tendinite, les bricoleurs après des efforts de visage, les ménagères qui nettoient leurs vitres etc...) On parle alors d'**épicondylite** (inflammation de cette zone du coude : l'épicondyle)

Mon conseil en homéopathie

• **Traumatismes** : consultez la rubrique à ce nom.

• **Tendinites** : consultez la rubrique douleurs osseuses. De plus voici un bon conseil : avant et pendant tout effort physique un peu prolongé ou inhabituel (déménagement, jardinage, tour de l'Ile de Montréal...) prenez de la SPORTENINE®.

C'est un produit biologique qui a pour effet de prévenir les conséquences de la fatigue musculaire et ligamentaire en éliminant au fur et à mesure de l'effort l'acide lactique qui s'accumule et qui est la cause de ces troubles. Vous éviterez ainsi, sans aucun risque de dopage, bien des douleurs gênantes pour le retour au bureau...

• localement massez-vous avec de la pommade RUDISTROL®.

Mon conseil médical

• consultez la rubrique RHUMATISMES.

• en cas d'apparition d'une petite boule au niveau du coude consultez car il peut s'agir d'un ganglion témoin d'une infection au niveau de la main, des doigts ou d'une maladie virale générale.

• de même s'il existe une éruption à ce niveau :
   – dans le pli : possibilité d'eczéma
   – à la face postérieure : possibilité de psoriasis.

Le coin du curieux

Quand on met beaucoup d'énergie à faire un travail, le langage populaire dit qu'on y met de l'"huile de coude". Cette expression traduit bien la concentration de force à ce niveau. D'ailleurs dans un travail d'équipe on se "serre les coudes", on agit "coude à coude" et quand on est épuisé on "pompe la vieille huile" de coude. J'ai trouvé cette dernière image chez un écrivain gaspésien racontant la vie rude de ses ancêtres...

→ osseuses (Douleurs...)
→ traumatismes
→ peau (Maladies de la...) CMG
→ ganglions

CROISSANCE
(Troubles de...)

Circonstances de l'AMH

Elle peut se faire :
- pour les troubles de l'appétit
- pour les douleurs de la croissance
- pour les problèmes scolaires (mémoire, amélioration de l'attention)

Mon conseil en homéopathie

• troubles de l'appétit : consultez la rubrique APPÉTIT. Ce sont les mêmes médicaments qui sont indiqués quelque soit l'âge.

• douleurs de croissance : voir douleurs musculaires, osseuses et surmenage. On parle d'*épiphysite* (inflammation des épiphyses : zones des os où sont situés les cartilages de croissance)

• problèmes de mémoire : consultez la rubrique : MÉMOIRE.

Une spécialité homéopathique aide à régulariser la bonne minéralisation des enfants et adolescents : l'*OSTEOCYNESINE*® Ce produit à base de dilutions homéopathiques de sels de calcium permet une meilleure assimilation des sels minéraux et leur meilleure répartition dans les différents secteurs de l'organisme. Son action est régulatrice. Elle n'empêche pas la nécessité d'avoir une alimentation équilibrée ou de prendre sels minéraux et vitamines sous forme médicamenteuse classique, pour éviter la *décalcification*.

3 comprimés 2 fois par jour (lever et coucher) par période de 20 jours par mois, dans les périodes d'adaptation.

Mon conseil médical

• prenez un avis médical si :

- douleurs osseuses et articulaires s'accompagnent d'une fièvre même légère ou de réveil nocturne ou de boiterie même discrète. (la douleur dans l'aine peut correspondre à une inflammation de l'*articulation de la hanche*)

- les troubles de l'appétit persistent et s'accompagnent de nausées fréquentes : possibilité d'appendicite chronique.

Le coin du curieux

Une boiterie chez l'enfant est toujours un problème qui doit amener à consulter. Elle peut être due à une inflammation du tissu osseux pendant la croissance.

Quand elle est localisée à la hanche et que les examens spécialisés ne décèlent pas de lésions à ce niveau on dit qu'il s'agit d'un *«rhume de hanche»*... car le traitement classique consiste en repos et aspirine...

→ appétit (Troubles de l'...)
→ musculaires (Douleurs...)
→ osseuses (Douleurs...)
→ surmenage, fatigue
→ mémoire / examens

DENTS (Troubles des...)

Circonstances de l'AMH

Elle est utile dans de nombreuses situations.

Mon conseil en homéopathie

• CHAMOMILLA 15 ch : douleurs liées à la **dentition chez le nourrisson**. Salivation, joue rouge et chaude, irritabilité, amélioration par le bercement.

10 granules dilués dans un 1/2 verre d'eau. Une cuiller à café toutes les 10 minutes puis espacer

• IPECA 7 ch : intolérance à un appareil dentaire avec nausées, salivation importante.

5 granules 3 fois par jour

• ARNICA 7 ch et CHINA 7 ch : en cas d'avulsion dentaire voir opérations chirurgicales.

• HYPERICUM 15 ch : pour les douleurs après **piqûre** locale.

5 granules à répéter 1/4 heure après (4 prises en tout)

Mon conseil médical

• consultez régulièrement votre dentiste. De plus en plus fréquemment il sera informé de l'homéopathie et en tiendra compte dans sa façon de vous soigner.

• en cas de **caries dentaires** tenaces prenez de l'OSTEOCYNESINE® voir la rubrique : troubles de croissance.

Le coin du curieux

La prédisposition à faire beaucoup de tartre dentaire *(Pyorrhée)* est liée à un TERRAIN particulier que l'on peut soigner par homéopathie. Consultez la rubrique : Rhumatismes, à arthritisme.

→ croissance (Troubles de...)
→ opérations chirurgicales
→ plaies
→ irritabilité

DÉPRESSION NERVEUSE

Circonstances de l'AMH

Elle est possible pour calmer certains troubles gênants de la vie quotidienne dans les phases qui précèdent l'installation éventuelle d'une dépression vraie.

Il faut savoir que, schématiquement, il existe deux grands types de dépression.

La **dépression endogène**, souvent ancienne, à rechutes cycliques. Elle fait partie de la structure du sujet. Les sentiments d'autoculpabilité, le ralentissement général de l'activité dominent le tableau. Son traitement est du **ressort exclusif du médecin** qui peut améliorer ces états en association ou non avec un traitement homéopathique.

La dépression réactionnelle ou «burn-out». Tout le monde peut en être victime à la suite d'agressions psychologiques ou physiques trop intenses ou trop souvent répétées.

Elle commence par des modifications du comportement habituel, une insomnie tenace et parfois un amaigrissement sans raison apparente. Le **traitement homéopathique** pris dès le début des troubles est particulièrement indiqué et efficace pour ce type de dépression.

Mon conseil en homéopathie

• consultez les rubriques   *: anxiété.irritabilité*
                              : surmenage.fatigue
                              : troubles du sommeil

Mon conseil médical

• prenez les choses au sérieux dès le début du dérèglement. N'attendez pas que celà se passe tout seul avec des réflexions du genre "C'est nerveux" "je n'ai pas de raison de déprimer" "se soigner c'est bon pour les gens qui n'ont rien à faire".

Le coin du curieux

Une dépression débutante peut masquer une maladie physique même si vous n'avez que des troubles dits "nerveux". C'est pourquoi il faut considérer ces troubles avec sérieux et ne pas penser que celà va s'arranger en prenant sur soi...

Quand un diabète s'installe, le pancréas ne sécréte pas suffisamment d'insuline. Quand une dépression démarre, le cerveau ne sécrète pas suffisamment d'hormones stabilisatrices de l'humeur.

→ anxiété
→ irritabilité
→ surmenage, fatigue
→ sommeil (Troubles du...)

DIARRHÉES

Circonstances de l'AMH

Elle est possible dans le cas :

- de **gastro-entérite**, de **turista**,d' **intoxication alimentaire**.

- de diarrhées dues à des **mycoses** ou au cours d'une antibio-thérapie.

- d'une **colite** hémorragique ou d'une **dysenterie** où en com-plément du traitement classique elle facilite celui-ci et permet de soulager les conséquences sur le plan de la fatigue générale.

- de diarrhée **émotive**.

Mon conseil en homéopathie

• VERATRUM ALBUM 7 ch et ARSENIC ALBUM 7 ch : sont indiqués dans les circonstances classiques de la **turista**.

5 granules en les alternant une fois l'un une fois l'autre toutes les heures, puis toutes les deux heures dès l'amélioration qui doit être très rapide. (24 à 48 heures)

• PARATYPHOÏDINUM B. 15 ch : est à ajouter systématiquement dans ce cas ainsi que lors d'**intoxications** par des coquillages (moules, huîtres).

10 granules ou 1 dose-globules 3 fois par jour

• CROTON TIGLIUM 7 ch : calmera les diarrhées secondaires à la prise d'**antibiotique** ou si les selles contiennent des **champignons** du type Candida albicans à l'examen de laboratoire.

5 granules 4 fois par jour pendant les crises

• CHINA 7 ch : sera utile pour arrêter complètement une diarrhée suite de **colite** si elle est abondante, indolore accompagnée de beaucoup de ballonnements et de gaz qui ne soulagent pas. La fatigue physique est intense avec tendance à avoir des sueurs abondantes et épuisantes.

5 granules 4 fois par jour pendant la durée des troubles

• PHOSPHORIC ACIDUM 5 ch : est indiqué dans les mêmes conditions que CHINA mais les selles sont peu abondantes et c'est surtout la *fatigue nerveuse* qui prédomine.

5 granules 4 fois par jour.

• GELSEMIUM 7 ch : calme la diarrhée du *trac*.

5 granules au moment des troubles

Mon conseil médical

• Consultez la rubrique maladies de l'appareil digestif.

> • rappelez-vous surtout que toute diarrhée chez un nourrisson ou un enfant en bas âge doit amener un avis médical car cela peut être un signe de maladie de l'appareil respiratoire. (risque de *TOXICOSE* avec déshydratation aiguë).

• Le traitement homéopathique de TERRAIN est très utile pour les diarrhées chroniques, parasitaires (dysenteries amibiennes ou autres) ou métaboliques (intolérance au gluten appelée *maladie coeliaque*).

Le coin du curieux

VERATRUM ALBUM est utilisé depuis la plus haute Antiquité pour le traitement des troubles digestifs. C'est l'ELLEBORE BLANC.

C'est en constatant l'accentuation des troubles d'un de ses patients, typographe, après la prise de ce médicament que Samuel HAHNEMANN le fondateur de l'homéopathie eut l'idée de prescrire des doses plus faibles à ses malades. Il vérifia alors que l'effet thérapeutique était encore meilleur.

→ digestif (Maladies de l'appareil...) CMG
→ vomissements
→ anxiété

DIGESTIF
(Maladies de l'appareil...)

CULTURE MÉDICALE GÉNÉRALE

• **DANS TOUS LES CAS** :

consultez si :   - troubles accompagnés de fièvre avec frissons
- hémorragies digestives même minimes
- amaigrissement récent, perte de l'appétit

TOUTE DOULEUR ABDOMINALE CHEZ L'ENFANT justifie une consultation si:

- elle s'accompagne de fièvre même légère ou de constipation récente : risque d'appendicite ou d'infection urinaire s'il s'y ajoute des frissons.

- elle se traduit par des coliques sans diarrhée avec des périodes d'accalmies puis reprise des douleurs : risque d'invagination intestinale (occlusion) ou de torsion du testicule à opérer d'urgence. ***Dans ces cas il n'y a pas forcément de fièvre.***

SELON LES CIRCONSTANCES SUIVANTES

- douleurs au creux de l'estomac se répétant chaque jour à la même heure, plusieurs jours de suite, se calmant quelques jours et reprenant ensuite : risque d'***ulcère de l'estomac.***

- douleurs sous les côtes à droite irradiant vers l'arrière, vers la pointe de l'omoplate droite avec frissons légers pendant ces crises : risque de pierres dans la vésicule biliaire.

- douleurs autour du nombril irradiant vers l'arrière entre les deux omoplates avec besoin pressant d'aller à la selle : risque de pancréatite (inflammation du pancréas)

- alternance de constipation et de diarrhée.

- selles décolorées, pâles, avec urines foncées comme de la bière brune : risque d'hépatite (inflammation du foie)

- hémorroïdes qui ne guérissent pas totalement.

DOS (Douleurs du...)

région située entre la nuque et les reins.

Circonstances de l'AMH

Elle sera utile dans : les douleurs après un traumatisme
: les douleurs d'arthrose
: les douleurs dites de "croissance"
: les douleurs musculaires dues au travail.

Mon conseil en homéopathie

• *Traumatismes* consultez la rubrique à ce nom.

• Douleurs d'*arthrose*.

FERRUM PHOSPHORICUM 7 ch et CIMICIFUGA 7 ch :

5 granules de chaque ensemble 4 fois par jour pendant 48 heures puis 3 fois jusqu'à la fin de la crise.

• Douleurs de *croissance*

FERRUM PHOSPHORICUM 7 ch et KALI PHOSPHORICUM 7 ch :

5 granules de chaque ensemble de la même façon.

• Douleurs *musculaires*

CIMICIFUGA 7 ch : calme les douleurs de tension ou contractures musculaires entre les omoplates des secrétaires, des ménagères (repassage) des bricoleurs ou bricoleuses... (lavage de vitres, de plafond, de plancher etc...) mais aussi des musiciens surtout flûtiste, clarinettiste, trompettiste, violoncelliste, violoniste et pianiste qui surmènent leur musculature dorsale.

5 granules 3 fois par jour

Mon conseil médical

• consultez la rubrique Rhumatismes.

• pensez que de nombreuses douleurs au niveau du dos correspondent à la projection de la douleur d'organes de la cage
thoracique : coeur, poumons ou de l'abdomen : vésicule biliaire,
pancréas, reins. C'est pourquoi il est important de consulter au
moindre doute sur l'origine de ces douleurs.

Le coin du curieux

Le dos est particulièrement privilégié dans les expressions populaires. Avoir bon dos, renvoyer dos à dos, casser du sucre sur le dos de
quelqu'un, avoir froid dans le dos etc...

Toutes ces formules traduisent le fait que cette région du corps
peut également exprimer certaines souffrances qui ne seraient
pas uniquement physiques mais reliées au stress de la vie quotidienne quand vous en avez "plein le dos"....

→ croissance
→ rhumatismes (CMG)
→ musculaires (Douleurs...)
→ traumatismes
→ abdominales (Douleurs...)
→ cardio-vasculaire (CMG)
→ digestif (CMG)

ÉPAULES (Douleurs des...)

Circonstances de l'AMH

Elle est possible pour les douleurs :

– suite de ***traumatismes***
– de ***périarthrite*** : inflammation des tendons et ligaments de l'épaule qui se traduit par l'impossibilité ou la limitation des mouvements de celle-ci notamment pour lever le coude, se peigner, porter la main dans le dos.

Mon conseil en homéopathie

• ***traumatismes*** : consultez la rubrique à ce nom

• *périarthrite :*

FERRUM PHOSPHORICUM 7 ch 5 granules 4 fois par jour

à prendre systématiquement et ajouter l'un des médicaments ci-dessous en fonction des signes : 5 granules 1/2 heure après chaque prise de FERRUM PHOSPHORICUM.

BRYONIA 7 ch : douleur aggravée au moindre mouvement et améliorée par l'immobilité absolue.

RHUS TOXICODENDRON 7 ch : douleur aggravée par le repos et améliorée par le mouvement de l'articulation au bout d'un certain temps comme si elle se "dérouillait".

SANGUINARIA 7 ch : douleur avec sensation de chaleur et de battement local. Souvent à l'épaule droite.

• localement massez-vous avec de la pommade RUDISTROL®.

Mon conseil médical

• consultez la rubrique Rhumatismes

• les douleurs d'épaules peuvent aussi être dues :

    - à une crise de goutte (pensez-y si vous avez trop d'acide urique)
    - à une inflammation de la vésicule biliaire dont la douleur irradie à ce niveau
    - à une crise d'angine de poitrine.

consultez dans tous ces cas.

Le coin du curieux

SANGUINARIA : la sanguinaire du Canada est une plante qui a de nombreuses utilisations en homéopathie. En dehors de son action sur le tube digestif, les polypes, les douleurs congestives elle calme une toux curieuse : toux d'irritation avec démangeaison derrière le sternum et émission de rot juste après la quinte. De même les migraines de SANGUINARIA sont calmées quand le sujet a des gaz abdominaux...

Ce sont des curiosités de la matière médicale homéopathique qui font sourire les incrédules mais qui permettent de soulager le malade ce qui est l'essentiel...

→ traumatismes
→ rhumatismes (CMG)
→ abdominales (Douleurs...)
→ cardio-vasculaire (Maladies de l'appareil...) CMG.

ÉTATS FÉBRILES

Circonstances de l'AMH

Ces états correspondent au début des maladies qui s'accompagnent d'une fièvre modérée en dessous de 38.5° celsius.

Ils traduisent la première réaction de l'organisme et les médicaments utiles à ce stade seront ceux de l'inflammation : **consultez cette rubrique à inflammation de la sphère ORL**. En effet quelque soit la maladie le premier stade correspond toujours à ces médicaments "anti-inflammatoires" homéopathiques qui ont une action de régulation et de stimulation générale.

Mon conseil en homéopathie

Après avoir utilisé ces médicaments il y aura deux possibilités :

•tout est rentré dans l'ordre : votre organisme s'est défendu seul aidé par l'homéopathie.

• Il y a apparition de signes nouveaux localisés sur certains organes. Il faut alors choisir d'autres médicaments et pour cela reportez-vous aux **rubriques indiquées ci-dessous**.

Mon conseil médical

• n'oubliez pas d'utiliser les petits moyens classiques en complément (boire, rafraîchir, bain à la température du corps).

• consultez si
- pas d'amélioration nette en 24 à 48 heures
- vomissement dès le début des symptômes
- diarrhée même minime chez le nourrisson
- apparition de petites **taches violettes sur la peau**
- vous êtes atteint d'une maladie cardiaque.

Le coin du curieux

L'aspirine, mondialement connue, est le nom déposé de l'acide acétylsalicylique. Celui-ci dont l'action contre la fièvre, les douleurs est connue, existe dans une certaine quantité dans la Reine-des-prés : plante aussi appelée SPIREA ULMARIA.

→ états grippaux
→ inflammation de la sphère ORL
→ rougeole
→ rubéole
→ scarlatine
→ varicelle
→ peau (Maladies...) CMG
→ cardio-vasculaire (Maladies...) CMG

ÉTATS GRIPPAUX

Circonstances de l'AMH

Elle est possible et utile à deux niveaux :

- à titre préventif
- à titre curatif dès le début des troubles

Mon conseil en homéopathie

● **PRÉVENTION**

- INFLUENZINUM 15 ch : c'est une dilution homéopathique du vaccin anti-grippal de l'Institut Pasteur.

En cas d'annonce par les autorités sanitaires d'une épidémie ou en cas de contact avec des grippés prendre 10 granules en une prise que vous répéterez chaque semaine pendant toute la durée du risque

● **DÉBUT D'ÉTAT GRIPPAL** : C'est-à-dire manifestations inflammatoires de la sphère ORL quelles qu'elles soient mais AVEC des COUR-BATURES musculaires ou dans les articulations.

> -OSCILLOCOCCINUM® : une dose-globules en une prise que vous répéterez 2 fois à 6 heures d'intervalle (3 doses en tout).

La précocité de la prise de ce produit stimulant les défenses générales de l'organisme à ce stade est capitale pour le résultat. Vous devriez en avoir une boite à portée de main en permanence.

● PARAGRIPPE® est une spécialité homéopathique qui contient les médicaments les plus fréquemment indiqués dans ces états grippaux. (Arnica / Belladonna / Eupatorium perfoliatum / Gelsemium / Sulfur).

> 2 comprimés toutes les 2 heures pendant 48 heures puis 4 fois par jour jusqu'à la fin des troubles.

• Il est possible de prendre à la place de PARAGRIPPE le médicament homéopathique correspondant à votre cas. Pour que celà soit rapidement efficace il est nécessaire que les signes soient exactement ceux que je vous indique :

- EUPATORIUM PERFOLIATUM 7 ch : douleurs dans les os et les mollets, maux de tête avec douleurs autour des yeux et à la pression des globes oculaires. L'état grippal commence souvent par une sensation très particulière de frissons qui remontent de la région des fesses jusqu'à la nuque comme des vagues...

- BRYONIA 7 ch : aggravation de tous les signes par le moindre mouvement, amélioration par le repos absolu, soif vive pour de grandes quantités d'eau froide à de grands intervalles. Parfois saignement de nez léger.

- RHUS TOXICODENDRON 7 ch : douleurs articulaires avec besoin de remuer ce qui calme, alors que le repos aggrave. Souvent un bouton d'herpès apparaît en même temps que les troubles.

- GELSEMIUM 7 ch : douleurs des masses musculaires avec sensation de faiblesse, tremblements, sueurs du visage, absence de soif malgré la fièvre.

- COLUBRINA 7 ch : douleurs musculaires surtout lombaires, frissons au moindre mouvement ou en se découvrant dans le lit. Ces frissons courent sur la peau et partent des extrémités des membres vers leur racine. Irritabilité pendant les troubles. Intolérance à la douleur, l'inactivité, au médecin...

Mode d'emploi : 5 granules toutes les deux heures pendant 48 heures, puis 4 fois par jour jusqu'à la fin des troubles. Si vous hésitez dans votre choix entre deux médicaments alternez les 5 granules toutes les deux heures une fois l'un, une fois l'autre.

> - PYROGENIUM 7 ch : est à prendre systématiquement en plus, afin de prévenir les risques de surinfection.
> 10 granules une fois par jour pendant 4 jours.

EN RÉSUMÉ :

un réflexe :   OSCILLOCOCCINUM

puis ou :   PARAGRIPPE + PYROGENIUM

ou :   le médicament unitaire + PYROGENIUM

C'est volontairement que j'ai décrit de façon détaillée les signes qui indiquent les différents médicaments, pour bien vous faire remarquer la finesse de l'observation que l'on doit faire en homéopathie.

Mon conseil médical

● consultez si : – maux de tête violents avec nausées

– alternance d'abattement et d'excitation

– troubles respiratoires avec douleurs thoraciques

– modification de la couleur des urines ou selles.

rappelez-vous qu'une hépatite virale peut commencer par cet état grippal.

Le coin du curieux

Savez-vous que le virus de la grippe se développe dans l'organisme à une vitesse hallucinante ? Pourquoi ? Il s'introduit à l'intérieur de cellules normales et fait reproduire par celles-ci (un peu "distraites" ou peu vigilantes) le code génétique qui le compose. En quelques heures VOTRE propre organisme a fait le travail du virus...

Heureusement les mécanismes de défense (les troupes de choc) sont vite alertés et votre corps commence à fabriquer des substances qui vont stopper ce développement (interféron, interleukines etc...)

Le but d'un médicament comme OSCILLOCOCCINUM® est de stimuler cette réaction de défense normale. A cette phase "positive" de la réaction vous avez toutes les chances de guérir vite et sans fatigue résiduelle contrairement à ce que l'on voit souvent après des grippes si l'on a trop attendu pour se soigner.

→ états fébriles
→ inflammation de la sphère ORL
→ maux de tête
→ musculaires (Douleurs...)
→ respiratoire (Maladies de l'appareil...) CMG

FOURMILLEMENTS et ENGOURDISSEMENTS des extrémités

Circonstances de l'AMH

Elle est possible en cas — de troubles de la **circulation veineuse** avec impression de froid local

— de troubles **rhumatismaux.**

Mon conseil en homéopathie

• PULSATILLA 7 ch : mains et pieds froids chez un sujet qui, par ailleurs, est **frileux** mais ne supporte pas la chaleur. Il dort bien couvert mais la fenêtre ouverte ou bien il met le chauffage dans sa voiture et entrouve une vitre pour avoir de l'air...

5 granules au lever en période de troubles gênants

• RHUS TOXICODENDRON 7 ch : fourmis et engourdissements des doigts aggravés au repos ou après le sommeil, amélioration en «secouant» les mains ou en les frottant.

5 granules au moment des troubles à répéter 1/2 heure après si besoin

•ZINCUM 7 ch : les troubles prédominent aux membres inférieurs et s'accompagnent d'«impatiences» dans les jambes. Vous ne pouvez rester en place. Aggravation par la fatigue nerveuse, intellectuelle, et hélàs le vin blanc rosé et le Champagne.

même mode d'emploi que RHUS TOX

Mon conseil médical

• consultez la rubrique maladies cardio-vasculaires.

• Prenez un avis médical dans les cas suivants :

- persistance des troubles
- diminution de la sensibilité à la chaleur au froid ou au toucher
- manque de force du membre douloureux
- localisation à d'autres endroits du corps que les extrémités. Spasmes des paupières, du visage : possibilité de SPASMOPHILIE
- crampes obligeant à arrêter la marche avec douleurs brûlantes alors que l'endroit douloureux est froid au toucher : possibilité d'*artérite*.

Le coin du curieux

PULSATILLA est l'anémone des prés. C'est une jolie plante violette, veloutée et toujours en mouvement sous l'effet du vent des basses terres du Saint-Laurent (Anémos = vent en grec).

→ musculaires (Douleurs...)
→ spasmophilie
→ cardio-vasculaire (CMG)

GANGLIONS

Circonstances de l'AMH

JAMAIS... Les ganglions lymphatiques dans lesquels se forment des anticorps en cas d'infection ou les ganglions nerveux sur le trajet des nerfs sont des organes normaux. Dès qu'il deviennent sensibles, qu'ils changent de volume ou de consistance, il est nécessaire de consulter.

Rassurez-vous, dans la majorité des cas, il n'y a rien de grave, mais vous ne pouvez pas le savoir sans un avis médical

Mon conseil en homéopathie

• en cas d'éruption : voir ZONA

• en cas de ganglions dans le cou, à la nuque : voir RUBÉOLE

Mon conseil médical

• voir ci-dessus.

Le coin du curieux

Les ÉCROUELLES étaient au Moyen-Age des infections des ganglions de la région du cou (=adénite). Elles avaient l'aspect d'abcès qui coulaient chroniquement. Les rois de France avaient, selon les historiens, le pouvoir de les guérir en les touchant. Certains rois étaient plus efficaces que d'autres : Saint-Louis paraît-il...

→ maux de gorge
→ rubéole
→ zona
→ coude (Douleurs du...)
→ plaies

GENOUX (Douleurs des...)

Circonstances de l'AMH

Elle est possible pour   - les traumatismes
                                  - les douleurs d'arthrose
                                  - les douleurs de croissance

Mon conseil en homéopathie

• TRAUMATISMES voir cette rubrique notamment pour les problèmes d'épanchement après un traumatisme : = **hydarthrose**

• ARTHROSE : APIS 7 ch et KALI CARBONICUM 7 ch

5 granules de chaque ensemble 4 fois par jour pendant 48 heures puis 3 fois en période de crise

• CROISSANCE : il s'agit en général d'une douleur située juste sous la rotule au niveau où s'attachent les ligaments sur la partie supérieure du tibia : on parle d'**apophysite antérieure** du tibia. Le repos et une radiographie sont nécessaires.

RUTA 7 et FERRUM PHOSPHORICUM 7 ch
5 granules de chaque ensemble 3 fois par jour

Cette même association calme les douleurs de tendons et de ligaments de la région du genou.

Mon conseil médical

• consultez la rubrique : Rhumatismes (CMG)

• parfois l'excès d'acide urique peut causer des douleurs au niveau du genou : voir la rubrique : MAINS / DOIGTS / POIGNETS

• une douleur isolée du genou peut provenir d'une anomalie située au niveau de la hanche ou de la région lombaire.

Une douleur située dans le pli de l'aine traduit une inflammation de l'articulation de la hanche.

Si vous avez mal sur les côtés du bassin il s'agit d'une douleur qui peut venir d'une inflammation des ligaments de la hanche. On parle alors de **périarthrite de la hanche**.

Le coin du curieux

Le genou est considéré en médecine énergétique comme un centre très important. Cela rappelle de nombreuses expressions populaires : plier les genoux, être à genoux en cas de grande fatigue mais aussi de respect (génuflexion)... (en hébreu genou se dit : berekh qui signifie aussi béni et le mot arabe : baraka : la chance, vient de là...)

La rotule (=rota : roue) permet à l'articulation de se mouvoir et quand un enfant tombe on dit qu'il a les genoux "couronnés"...

→ rhumatismes (CMG)
→ traumatismes
→ mains / doigts / poignets
→ croissance

GLANDES ENDOCRINES (Maladies des...)

CULTURE MÉDICALE GÉNÉRALE

Ces glandes fabriquent et secrétent des **hormones** : substances qui vont à distance (hormone = exciter en grec) stimuler le fonctionnement des grands mécanismes de régulation de l'organisme.

Elles interviennent pour maintenir l'**équilibre** de l'ensemble du corps et circulent dans le sang à des doses infinitésimales.

Quand il existe une **insuffisance** de la quantité d'hormones secrétées par ces glandes le traitement classique est indispensable pour apporter ce qui manque à la glande.

S'il y a seulement un **mauvais fonctionnement**, le traitement homéopathique est particulièrement utile car il règle et stimule ce fonctionnement.

C'est "comme si" vous aviez une montre qui retarde ou avance. Elle peut être usée, abîmée et il faut changer une pièce : traitement allopathique ou bien elle a seulement besoin d'être nettoyée, révisée et règlée : traitement homéopathique.

Ces glandes sont appelées *ENDOCRINES* car elles secrètent, à l'intérieur de leurs tissus (ENDO) des substances qui sont ensuite déversées dans le sang. (KRINEIN = sécréter)

Elles sont commandées par L'HYPOTHALAMUS et l'HYPOPHYSE
Ce sont :   - LA THYROÏDE
            - LES SURRÉNALES
            - LES GONADES : (testicules ou ovaires)

> L'AUTOMÉDICATION HOMÉOPATHIQUE OU ALLOPATHIQUE est impossible dans les cas de troubles endocriniens.

GROSSESSE

Circonstances de l'AMH

La grossesse n'est pas une maladie mais elle est très souvent émaillée, notamment à son début, de troubles gênants qui méritent un soulagement.

L'absence de toxicité des médicaments homéopathiques en fait le moyen idéal dans ces cas, pour :

- les nausées du premier trimestre, les aigreurs d'estomac
- les troubles veineux
- les douleurs musculaires ou ligamentaires, les crampes
- les manifestations d'anxiété éventuelle.

Mon conseil en homéopathie

• IAMARA 7 ch : nausées avec salivation, intolérance aux *odeurs* de nourriture, de tabac, de parfums.

5 granules matin et soir. Une 3ème prise dans la journée est possible

• consultez la rubrique : mal des transports : les médicaments indiqués peuvent être utiles également pour ces nausées.

- KALI CARBONICUM 7 ch : calme les ballonnements et aigreurs d'estomac avec sensation d'excès d'air ou de liquide dès la moindre absorption d'aliments ou de boissons.

5 granules au moment des troubles à répéter si besoin.

• Troubles veineux : rubrique : VARICES / HÉMORROÏDES

• Troubles musculaires : rubriques Douleurs MUSCULAIRES / LOMBAIRES. L'état de grossesse entraîne une distension des tissus et des ligaments qui sont imprégnés par les hormones en grande quantité d'où leur plus grande sensibilité.

• Troubles du comportement : rubrique ANXIÉTÉ. N'hésitez pas à utiliser ces médicaments sans danger pour votre enfant en cas de stress.

Mon conseil médical

Pendant toute la durée de la grossesse vous devez être suivie régulièrement.

Consultez en plus dans les cas suivants :

- petite perte sanguine, même minime et indolore
- fièvre même minime surtout si elle s'accompagne de douleurs abdominales ou en urinant, ou de légers frissons
- gonflement des jambes, ou d'une seule jambe
- persistance de nausées ou de vomissements quelle que soit la période de votre grossesse.

Le coin du curieux

Quoi de plus "curieux" que la conception, le déroulement d'une grossesse, l'accouchement... Tout ce qui a trait à cette période de la vie mérite que vous vous y intéressiez. Ces événements "normaux" reflètent l'existence d'une succession de phénomènes dont la complexité émerveille le plus endurci des "rationalistes". Ce qui apparaît "miraculeux" c'est une grossesse normale...

→ indigestion
→ varices
→ hémorroïdes
→ anxiété
→ musculaires (Douleurs...)
→ lombaires (Douleurs...)

HÉMORROÏDES

Circonstances de l'AMH

• en cas de ***poussée hémorroïdaire***, à l'occasion d'un écart alimentaire ou de fatigue physique. Rappelez-vous qu'une hémorroïde est une varice d'une veine de l'anus ou du rectum. Quand elle saigne, le sang est rouge, "sur" la selle et non mélangé à elle.

Mon conseil en homéopathie

• faites attention à votre hygiène alimentaire : évitez les aliments épicés ou trop gras, l'alcool sous toutes ses formes.

• AESCULUS 5 ch : sensation de pesanteur, de picotements comme des aiguilles, amélioration par le froid local.

5 granules 3 fois par jour

• ARNICA 7 ch : sensation de meurtrissure locale, sensibilité vive au toucher, aspect violacé.

5 granules 3 fois par jour

• COLUBRINA 7 ch : suite d'abus d'excitants, fausses envies d'aller à la selle, coup de fatigue après les repas très rapidement amélioré par une sieste de 1/4 heure. Souvent irritabilité avec intolérance à la douleur.

5 granules 3 fois par jour

• Localement vous pouvez calmer avec de la pommade AVENOC® à base de plantes (ficaire et pivoine)

et avec des suppositoires AVENOC® contenant : AESCULUS / HAMAMELIS / PAEONIA / RATANHIA : 1 suppositoire matin et soir après toilette locale pendant la crise.

Mon conseil médical

• une crise avec douleurs intenses réveillant la nuit et ne cédant pas à un traitement simple doit vous amener à consulter car il peut s'agir d'un caillot dans l'hémorroïde qu'il faut évacuer, ce qui procure un soulagement immédiat dans ce cas de **thrombose hémorroïdaire.**

• consultez également la rubrique maladies de l'appareil digestif.

Le coin du curieux

• Les chinois appellent les hémorroïdes : les "perles de la sagesse" ce qui évoque poétiquement leur aspect et le fait qu'elles nous incitent à plus de modération....

- cas particulier : la **fissure anale**

quelque soit le traitement local fait par le spécialiste vous avez intérêt à ajouter :

• NITRI ACIDUM 7 ch : 5 granules 3 fois par jour qui calme les douleurs liées à cette fissure dans de nombreux cas.

Je vous indique ce médicament efficace et sans danger car cette douleur est souvent intolérable et celà vous permettra d'attendre plus "confortablement" la consultation...

→ indigestion
→ varices
→ constipation
→ grossesse
→ digestif (CMG)

HÉPATITES / JAUNISSE / ICTÈRE

Circonstances de l'AMH

Celle-ci n'est applicable raisonnablement que dans la phase de convalescence pour les troubles digestifs ou généraux qui persisteraient.

Le traitement homéopathique de la crise aiguë est particulièrement intéressant et efficace mais il doit *être conduit par un médecin qui connait très bien l'homéopathie.*

En effet ce traitement doit être établi en fonction des signes biologiques, des examens sanguins qui indiquent quel type d'hépatite est en évolution.

Mon conseil en homéopathie

•CHINA 7 ch : fatigue, ballonnements digestifs avec hypersensibilité de la paroi abdominale, gaz qui ne soulagent pas, intolérance aux fruits et aux légumes, diarrhée facile indolore et épuisante.

• IPECA 7 ch : nausées à l'odeur des aliments, même en "pensant" à la nourriture, salivation abondante.

• CHELIDONIUM 7 ch : douleur à la pointe de l'omoplate droite, langue chargée, maux de tête au-dessus de l'oeil droit, selles jaunes, déchiquetées.

• BRYONIA 7 ch : sensation de sécheresse de la bouche, soif intense, constipation.

Mode d'emploi de ces 3 médicaments :

5 granules avant les 3 repas jusqu'à disparition des troubles

Pour récupérer et limiter la fatigue générale liée à cette maladie ajouter systématiquement à ces médicaments :

•NATRUM MURIATICUM 9 ch : 10 granules au coucher pendant 8 jours.

Mon conseil médical

+++ Vous devez savoir qu'il est possible de faire une hépatite *sans être jaune extérieurement* et même sans fièvre. Seule la fatigue très intense fait alors penser à la maladie.

Dans les autres cas ce qui vous y fera penser : état grippal avec fatigue, modifications des urines qui deviennent foncées (couleur bière brune) et mousseuses et des selles qui sont pâles. Le blanc des yeux et l'intérieur des paupières deviennent jaunes ainsi que la peau. Des démangeaisons sur le corps sont fréquentes.

Le coin du curieux

"J'en ai fait une jaunisse..." expression populaire qui traduit les conséquences d'une très vive émotion ne veut pas dire que cette maladie est "psychologique" mais confirme l'extraordinaire relation qui existe entre le stress et notre système immunitaire.

Il est maintenant scientifiquement connu que les émotions violentes modifient la réactivité de ce dernier. Alors le virus qui était tapi bien tranquille dans un recoin de votre foie va se manifester car vous êtes en état de moindre défense.

Cet exemple vous permet de comprendre l'importance de posséder des mécanismes d'adaptation en bon état de marche et de les respecter au maximum. C'est de l'écologie interne...

→ états grippaux
→ auto-médication homéopathique
→ digestif (CMG)

HERPÈS

Circonstances de l'AMH

Elle est possible, efficace et sans danger en cas de poussée de *feu sauvage* au niveau des lèvres.

La précocité de la prise des médicaments est là encore très importante pour l'efficacité du traitement.

Mon conseil en homéopathie

• dès le début des symptômes : picotements, gonflement comme par une piqûre d'abeille :

- VACCINOTOXINUM 15 ch : 1 dose-globules entière puis
- APIS 7 ch : 5 granules toutes les heures puis espacer dès l'amélioration aux deux heures.

• vous constaterez souvent un arrêt de la poussée en quelques heures, sinon c'est le stade suivant : apparition de petites vésicules blanches le "bouquet" d'herpès

- arrêtez APIS et prenez
- RHUS TOXICODENDRON 7 ch : 5 granules 4 fois par jour pendant 48 heures puis 3 fois jusqu'à la fin de la poussée.

• si vous avez passé le stade de APIS ou que vous vous réveillez avec déjà les vésicules prenez immédiatement

- VACCINOTOXINUM comme ci-dessus
- et RHUS TOXICODENDRON

• localement : pommade CICADERMA®

Mon conseil médical

• l'herpès génital n'est pas dû au même virus que l'herpès labial. Il faut consulter pour être sûr du diagnostic.

• le traitement de TERRAIN homéopathique permet des améliorations importantes, parfois des guérisons complètes mais presque toujours un espacement des crises et une atténuation de l'intensité et de la durée de celles-ci.

- l'herpès de la cornée doit être vu par l'ophtalmologiste.

- l'herpès génital pendant la grossesse peut être très dangereux pour l'enfant. Informez rapidement votre accoucheur en cas de crise.

Le coin du curieux

RHUS TOXICODENDRON est un arbrisseau plus connu sous le nom de SUMAC vénéneux. Toute la plante contient un latex très irritant au contact. Il déclenche des éruptions exactement semblables à celles de l'herpès, du zona, de la varicelle ou de certains eczémas : d'où son utilisation en homéopathie dans ces cas.

Avant l'époque des avions à réacteurs on se servait de cette plante pour laquer les hélices d'avions. Il a été constaté à cette occasion que certains ouvriers d'origine asiatique ne faisaient pas ce type de réactions cutanées. C'est pourquoi ils étaient engagés en priorité pour ces travaux.

Ceci vous fait comprendre que chaque terrain a une sensibilité particulière et que nous devons en tenir compte dans la façon de gérer notre santé.

Dans le monde animal par ailleurs il est connu que les cailles peuvent manger sans risque des baies de belladone. Un humain qui mange ces cailles peut être intoxiqué et mourir.

→ varicelle
→ zona
→ grossesse
→ yeux
→ TERRAIN +++

HYPERTENSION ARTÉRIELLE

Circonstances de l'AMH

- la pression artérielle est définie par deux chiffres :

celui de la minima qui traduit la pression sous laquelle les parois des artères sont à l'état de repos

celui de la maxima qui traduit la pression au niveau de ces parois quand le coeur se contracte.

- L'OMS (Organisation mondiale de la santé) définit l'HYPERTEN-SION ARTÉRIELLE quand ces chiffres dépassent 95 mm de mercure pour la minima et 160 pour la maxima.

- Sachez que ces chiffres sont très variables d'un sujet à l'autre et très variables pour un même sujet selon les circonstances : moment de la journée ou de la nuit, stress etc...

Mon conseil en homéopathie : *l'Avis médical est indispensable*

Cependant un certain nombre de troubles accompagnant ou intervenant dans le déclenchement de poussées hypertensives peuvent être contrôlés par des médicaments homéopathiques simples.

Consultez les rubriques que je vous indique en bas de page.

Mon conseil médical : *l'Avis d'un homéopathe est très utile*

En effet il est important de suivre les chiffres de tension, de chercher une cause à ces troubles, de surveiller le retentissement de l'hyper-tension sur l'ensemble de l'organisme : rein, coeur, yeux, artères.

+++ Le traitement de terrain homéopathique associé aux médica-ments classiques quand ils sont indispensables, permet une meilleure efficacité et une meilleure tolérance de ceux-ci. De plus la con-naissance du sujet dans son ensemble permet d'adapter les conseils d'hygiène de vie en fonction de son tempérament physi-que et psychologique particulier.

Le coin du curieux

Il est possible de déclencher une hypertention artérielle chez un animal simplement en l'exposant au bruit et à différents stresses. Pensez à cela quand vous êtes "sous pression" et utilisez des techniques physiques ou mentales pour vous adapter au mieux.

→ anxiété
→ irritabilité
→ maux de tête
→ surmenage
→ indigestion
→ sexuels (Troubles...)
→ cardio-vasculaire (CMG)
→ TERRAIN ++

INDIGESTION

Circonstances de l'AMH

Elle est très fréquente et efficace. Vous serez dans deux grands types de situations ;

- les **ballonnements** de l'estomac avec pesanteur, aigreurs, **rots,** lourdeur digestive prédominent. C'est un **embarras gastrique**.

- le **mal au coeur**, les nausées, maux de tête, sensation de "gueule de bois", **gaz abdominaux,** selles molles prédominent.

Mon conseil en homéopathie

• Ballonnements

- COLUBRINA 7 ch : suite d'**excès alimentaire**, abus d'excitants : café, alcool, repas trop rapides, aigreurs au creux de l'estomac, irritabilité, amélioration très rapide par un court sommeil (5 minutes à 1/4 d'heure pas plus) de tous les signes. Amélioration immédiate si vous vomissez. Certaines personnes provoquent parfois ce vomissement car elles connaissent ce soulagement...

5 granules au moment des troubles à répéter 1/2 heure après si besoin

- CARBO VEGETABILIS 7 ch : ici les **ballonnements** sont au maximum. Suite d'aliments gras. Les rots soulagent peu.

même mode d'emploi

- PULSATILLA 7 ch : suite d'**aliments gras**, de pâtisseries, de glaces. Reflux de débris d'aliments à la bouche. Soif de boissons fraîches et amères qui soulagent. Aversion pour les boissons ou aliments chauds.

même mode d'emploi

- GASTROCYNESINE® est une spécialité homéopathique qui vous rendra service si vous hésitez entre ces 3 médicaments. Indiquée pour les **ballonnements digestifs** à la suite de repas trop copieux ou trop riches elle est à prendre :

2 comprimés au moment des troubles à répéter 1/2 heure après si besoin ou
2 comprimés avant le repas à titre préventif si vous craignez de ne pouvoir vous limiter...

- Nausées, troubles vésiculaires

- CHELIDONIUM 7 ch : douleur sous les côtes à droite irradiant vers la pointe de l'omoplate droite. Suite d'aliments gras : surtout crème, oeufs, chocolat, Maux de tête au-dessus de l'oeil droit. **Goût amer dans la bouche.** Selles déchiquetées jaunes.

5 granules 4 fois par jour pendant 48 heures puis 3 fois jusqu'à la fin des troubles

- BRYONIA 7 ch : nausée au moindre mouvement avec sensation de vertige. Soif très vive de grandes quantités d'eau froide à de grands intervalles. **Sécheresse des muqueuses de la bouche**. Alternance de constipation et de diarrhée. Souvent indiqué l'été après avoir mangé des fruits ou des légumes.

5 granules même mode d'emploi

- IPECA 7 ch : nausée, salivation abondante, langue "propre" alors qu'il y a une sensation de mauvaise digestion générale. Vomissement qui ne soulage pas. Diarrhée fatigante indolore et non irritante. Pâleur. Intolérance aux odeurs de la cuisine : **nausées** à la vue des aliments et même en y pensant...

5 granules même mode d'emploi

Mon conseil médical

- consultez la rubrique maladies de l'appareil digestif CMG dans tous les cas d'indigestion. Elle vous donne les limites précises de l'auto-médication homéopathique.

Le coin du curieux

Un petit truc qui vous rendra peut-être service en cas d'excès alimentaire à l'occasion d'une joyeuse réunion familiale, sportive ou d'un party...

Juste à la jonction du nez et de la lèvre supérieure il existe un point d'acupuncture dont la piqure ou la pression forte calme souvent rapidement les troubles de la sphère digestive.

Attention si vous le faites à un ami. Cela déclenche souvent un vomissement brutal qui soulage immédiatement...

→ digestif (Maladies de l'appareil...) CMG
→ vomissements
→ diarrhées
→ vertiges

INFLAMMATION DE LA SPHÈRE O.R.L.

Cette rubrique est courte et très importante car c'est plusieurs fois par jour que vous aurez l'occasion de la mettre en pratique.

Toute manifestation au niveau du nez, de la gorge, des oreilles, des sinus d'origine infectieuse : microbienne ou virale;
d'origine climatique : suite de refroidissement, de trop grande chaleur; voire d'origine émotionnelle violente, débute par un stade inflammatoire au niveau des muqueuses qui tapissent les organes des voies respiratoires supérieures.

Cette réaction inflammatoire se traduit par une congestion localisée qui s'exprime par des douleurs et une sensation de chaleur locale.

C'est une réaction normale de votre organisme qui met en jeu ses mécanismes de défense pour s'adapter à l'agression. Vous allez pouvoir la renforcer, la stimuler grâce à quelques médicaments homéopathiques simples

Mon conseil en homéopathie

A ce stade de début : un réflexe pour toute douleur de gorge, oreille, sinus.

• BELLADONA 7 ch : 5 granules alternés toutes les heures avec
• FERRUM PHOSPHORICUM 7 ch : (2 prises de chaque) puis toutes les 2 heures (4 prises de chaque)
et systématiquement pour la prévention des surinfections :
• PYROGENIUM 7 ch : 5 granules deux fois par jour.

C'est peu ? C'est trop simple ? Non car :

1. c'est efficace dès le début des troubles.

2. quelques heures après ce début le choix du médicament est beaucoup plus difficile et vous ne devez pas vous tromper car le risque de complications auditives est grand.

3. il vaut mieux connaitre bien très peu de choses très efficaces utilisées comme un réflexe que mal beaucoup de petites choses que vous hésiterez à utiliser.

4. à ce stade vous ne risquez pas de masquer les symptômes d'une maladie ni de tronquer la fièvre qui, vous le savez, dans certaines limites (en-dessous de 38.5º), est un mécanisme de défense à respecter pendant les premières heures d'une maladie.

Ceci est le schéma général applicable dans 75% des cas. Il existe des cas particuliers.

1er cas : si les troubles surviennent chez un sujet habituellement "***allergique***", le tableau de début sera dominé par beaucoup d'éternuements, de démangeaisons au niveau des muqueuses.

• APIS 7 ch remplacera alors BELLADONNA.
Prenez FERRUM PHOSPHORICUM et PYROGENIUM comme ci-dessus.

2e cas : si les ***maux de gorge*** sont d'emblée très nets remplacer PYROGENIUM par

• MERCURIUS SOLUBILIS 7 ch : 5 granules 3 fois par jour.

3è cas : si les seuls signes sont des éternuements sans démangeaisons après avoir pris un "***coup de froid***", prenez

• ACONIT 7 ch : 5 granules à répéter 1/4 heure après (4 prises en tout)
Vous le prenez seul et si pas d'amélioration complète passez au schéma BELLADONNA / FERRUM PHOSPHORICUM*.

NB : un sujet qui se soigne habituellement par homéopathie et dont le médicament de TERRAIN est SULFUR devrait toujours avoir ACONIT sous la main car ce médicament est 99 fois sur 100 indiqué au début des troubles ORL de SULFUR. La véritable prévention, c'est cela...

* en cas d'écoulement nasal associé reportez-vous à la rubrique RHUMES

Mon conseil médical

Ayez toujours à portée de la main les quelques médicaments que je viens de vous indiquer.

La précocité de leur prise est le garant de leur efficacité et à ce stade l'homéopathie est irremplaçable.

N'oubliez pas que les infections ORL qui persistent, deviennent chroniques et conduisent à des antibiothérapies ou corticothérapies sans fin, ont toutes commencé par ce stade inflammatoire pendant lequel il est possible d'agir efficacement et simplement.

Un feu qui détruit une maison a toujours commencé par quelque chose qui paraissait sans gravité...

Le coin du curieux

BELLADONNA est une plante très toxique à dose forte. Elle a un effet anti-inflammatoire très net à dose homéopathique.

Elle contient une substance qui a la propriété de dilater la pupille. Les belles italiennes avaient l'habitude de mettre une goutte de cette plante dans les yeux pour les faire apparaître plus noirs de ce fait et être encore plus belles... BELLA DONNA = belle femme en italien. Ceci se faisait il y a 200 ans. Je vous le déconseille fortement étant donné la toxicité de cette plante.

→ maux de gorge
→ sinusites
→ otites
→ auto-médication homéopathique
→ rhumes
→ TERRAIN +++

INSECTES (Piqûres d'...)

Circonstances de l'AMH

Elle est fréquente et vous rendra service dans bien des cas : abeilles, guêpes, maringouins, brûlots, mouches noires, moustiques etc...

Mon conseil en homéopathie

- APIS 7 ch et LEDUM PALUSTRE 7 ch :

5 granules de chaque ensemble à répéter 1/2 heure après 2 fois puis toutes les heures et espacer en fonction de l'amélioration.

localement : pommade CICADERMA®

Mon conseil médical

• consultez – si piqûre à la gorge par une abeille ou une guêpe ou bien dans la bouche ou sur un trajet veineux
– si la réaction évolue rapidement avec anxiété nausées et pâleur.

• si vous vous savez allergique demandez à votre médecin s'il estime indispensable que vous ayez en permanence avec vous une ampoule auto-injectable d'adrénaline. C'est le médicament d'extrême urgence à faire en cas de choc allergique. Cela ne vous empêche nullement de prendre APIS et LEDUM en attendant les secours.

• N'oubliez pas les gestes simples pour éviter d'être piqué. Vêtements bien fermés aux poignets et au cou, casquette (les brûlots aiment beaucoup le cuir chevelu...) éventuellement produits à base de citronnelle sur la peau. Ne mettez pas de parfum ni d'eau de toilette odorante.

> • Si vous êtes piqué par une *tique consultez impérativement un médecin*. Elle pourrait vous causer une maladie de *Lyme* qui n'est pas grave si vous prenez des antibiotiques dès le premier stade de son évolution. Plus tard elle peut causer des problèmes rhumatismaux, neurologiques et cardio-vasculaires.

Le coin du curieux

- Les araignées ne piquent pas. Elles mordent...
- Pour les amateurs de la Floride à certaines saisons, ils peuvent essayer à titre préventif des piqûres de moustiques :

CALADIUM 7 ch : 5 granules par jour pendant la période d'exposition. Ce même médicament aide à se désaccoutumer du *tabac*...

- APIS MELLIFICA est un médicament fait à partir d'une abeille : celle-ci contient des substances qui déclenchent des inflammations semblables aux allergies à fortes doses.
A petites doses (homéopathiques) elles ont un effet anti-inflammatoire.

→ allergies cutanées
→ tabac et homéopathie
→ TERRAIN +++

INSOLATION

Circonstances de l'AMH

Elle est possible à titre préventif et curatif.

Mon conseil en homéopathie

• Préventivement

- NATRUM MURIATICUM 9 ch : est à prendre si vous supportez mal le soleil habituellement et que vous avez tendance à transpirer abondamment à la chaleur alors que vous êtes plutôt frileux de tempérament.
Ce médicament aura un effet préventif sur les troubles cutanés liés au soleil (*urticaire solaire*).

5 granules au coucher pendant les périodes à risques

• curativement :

- APIS 7 ch : sensation de cuisson, de démangeaison sur la peau, absence de soif, tête lourde.

5 granules à répéter 1/2 heure après puis espacer en fonction de l'amélioration

- BELLADONA 7 ch : sensation de battements congestifs au niveau de la tête, soif vive, impression de dégager de la chaleur

même mode d'emploi

- GLONOINUM 7 ch : comme BELLADONNA mais les battements sont ressentis surtout au niveau des carotides (cou) et des extrémités des mains, pas de soif aussi nette.

même mode d'emploi

Mon conseil médical

Avis médical si les troubles sont d'emblée très marqués (surtout si vomissement ou impression d'abrutissement, de torpeur) ou si des troubles cutanés importants sont associés.

• Bien sûr n'oubliez pas les gestes simples:
   – repos au frais, la tête légèrement en contre-bas du reste du corps
   – faire boire lentement de l'eau légèrement salée (même pour APIS qui n'a pas spontanément soif).

Le coin du curieux

Ce tableau peut être déclenché par autre chose que le soleil. On parle alors de coup de chaleur dans les climats chauds et humides, ou près de source de chaleur importante : foyer de chaudières, fours...

→ maux de tête
→ brûlures
→ vomissements
→ vertiges

IRRITABILITÉ

Circonstances de l'AMH

- L'irritabilité peut être un trait de tempérament normal. Elle est alors génératrice d'activité. Ce n'est pas une maladie dans les limites de ce qui est supportable pour le sujet ou surtout pour ceux qui l'entourent...

- Elle peut être occasionnelle et traduire alors un mauvais fonctionnement passager de l'organisme.

Mon conseil en homéopathie : vous choisirez entre

• CHAMOMILLA 15 ch : déclenchement par le surmenage intellectuel. Impression d'être débordé. ***Hypersensibilité au bruit, au vent*** Amélioration par le mouvement : besoin de marcher, de faire un tour en voiture, accalmie en se berçant comme les enfants qui font des poussées dentaires et qui sont calmés quand on les promène dans les bras et hurlent dès que le mouvement s'arrête...

• STAPHYSAGRIA 7 ch : déclenchement par les ***contrariétés*** que vous ne pouvez exprimer avec sentiment d'injustice à votre égard. Vous refoulez votre émotion. Parfois la peau vous gratte sans bouton apparent. Vous vous grattez et la démangeaison se déplace. C'est très fréquent au niveau de la nuque...

• COLOCYNTHIS 7 ch : déclenchement par la ***colère***. Celle-ci provoque des spasmes au niveau du ventre ou de l'estomac. Ils sont améliorés si vous vous pliez en deux en appuyant fortement sur la région douloureuse.

Mode d'emploi : 5 granules à répéter 1/2 heure après si besoin puis espacer (3 prises en tout)

Il n'y a **aucun risque d'accoutumance** avec ces médicaments qui vous aident à affronter une situation qui vous dépasse temporairement.

Mon conseil médical: consultez si:

• persistance des troubles ou si ces colères sont très violentes alors que vous êtes habituellement un sujet calme. un traitement de terrain sera utile pour remettre les pendules à l'heure...

Le coin du curieux

Colère vient de kholé = bile en grec. Les anciens médecins pensaient que les troubles du caractère venaient de la vésicule biliaire... Ne dit-on pas que l'on se fait de la bile quand on est soucieux ?

→ anxiété
→ insomnie
→ surmenage
→ spasmophilie
→ TERRAIN +++

LITHIASES
(biliaire et urinaire)

Circonstances de l'AMH

Elle n'est possible que pour calmer les douleurs liées à certaines crises légères.

> Le traitement homéopathique de TERRAIN est indispensable.

Il est efficace pour les sujets ayant tendance à *faire des **pierres*** et permettra de ralentir cette évolution, d'atténuer les risques de complications éventuelles et enfin d'assurer un meilleur résultat après les interventions chirurgicales si elles se sont avérées nécessaires.

Depuis quelques années, les techniques de lithothriptie permettant de "casser" les pierres sans opérations traumatisantes ont considérablement amélioré le pronostic de ces affections.

L'homéopathie aura pour but d'empêcher ou de limiter la formation de ces lithiases avant d'en arriver au stade du traitement "mécanique".

mon conseil en homéopathie

• CHELIDONIUM 7 ch et IAMARA 7 ch : peuvent calmer des douleurs au niveau de la vésicule biliaire (voir leurs signes à la rubrique : indigestion).

5 granules de chaque ensemble à répéter une heure après puis espacer en fonction de l'amélioration qui doit être très rapide.

• BELLADONA 7 ch et CALCAREA CARBONICA 15 ch : permettent dans un certain nombre de cas de faire éliminer du *"sable" urinaire* ou des petits calculs. Cette association est utile et bien indiquée après les lithothripties pour aider à l'élimination de la boue formée par les calculs qui ont été broyés.

5 granules de chaque ensemble 4 fois par jour et une prise supplémentaire en cas de reprise d'une douleur d'évacuation.

Mon conseil médical

• suivez un traitement homéopathique de TERRAIN

• N'hésitez pas à subir une lithothripie si vos calculs sont volumineux et risquent à la longue de léser les parois de votre vésicule biliaire ou les tissus de vos reins.

Le coin du curieux

Un calcul qui tente de sortir de la vésicule biliaire par le canal cholédoque déclenche une crise de *colique "hépatique".*

Un calcul qui sort du rein déclenche une crise de *colique "néphrétique"* pendant laquelle la douleur est telle que le sujet ne peut rester immobile. on dit colique néphrétique = colique frénétique...

→ opérations chirurgicales
→ digestif (Maladies de l'appareil...)
→ voies Urinaires et Génitales de la femme et de l'homme
→ abdominales (Douleurs...)
→ indigestion
→ TERRAIN +++

LOMBAIRES (Douleurs...)

région située au niveau du creux des reins.

Circonstances de l'AMH

Elle est possible dans les douleurs liées à

- un *traumatisme*
- l'*arthrose lombaire*
- un *lumbago* ou tour de reins
- certaines *sciatiques*
- des problèmes de *stress*

Mon conseil en homéopathie

• **traumatisme** consultez la rubrique à ce nom.

• Arthrose lombaire

- FERRUM PHOSPHORICUM 7 ch et KALI CARBONICUM 7 ch

5 granules de chaque ensemble 4 fois par jour pendant 48 heures puis 3 fois jusqu'à la fin de la crise.

• Lumbago

- BRYONIA 7 ch et COLUBRINA 7 ch : même mode d'emploi

• **Sciatique :** la douleur est d'un seul côté et elle descend dans la cuisse, la jambe parfois jusqu'au pied.

HYPERICUM 15 ch et PHYTOLACCA 7 ch : même mode d'emploi. Dans ces cas il est nécessaire de consulter pour agir sur la cause souvent mécanique.

• **le stress** : mais oui ! de nombreux conflits psychologiques liés au surmenage physique et émotionnel peuvent se manifester par des lombalgies. Vous êtes "éreinté"...

IAMARA 7 ch et KALI CARBONICUM 7 ch : même mode d'emploi

dans ces cas il est fréquent de transpirer abondamment au niveau du creux des reins avec une sensation de froid local et de faiblesse incitant à s'asseoir.

Mon conseil médical

• consultez la rubrique Rhumatismes

• en cas de troubles mécaniques l'ostéopathie par un praticien expérimenté est indispensable.

Le coin du curieux

Un petit truc : quand vous n'avez pas mal aux reins faites les mêmes mouvements pour vous baisser, ramasser un objet, soulever une charge que vous êtes obligé de faire à cause de la douleur quand vous avez mal...

Vous éviterez ainsi bien des problèmes car vous apprendrez les réflexes de plier les genoux, de ne pas faire d'efforts en mauvaise position.

→ traumatismes
→ rhumatismes (CMG)
→ anxiété
→ irritabilité
→ névralgies

MAINS / DOIGTS / POIGNETS (Douleurs...)

Circonstances de l'AMH

Elle est utile pour
- les douleurs liées à l'arthrose des petites articulations des doigts
- les problèmes de *kystes sur les tendons* de la main,
- les douleurs ligamentaires des poignets.

Mon conseil en homéopathie

• au niveau des petites articulations

- FERRUM PHOSPHORICUM 7 ch et CAULOPHYLLUM 5 ch : calment les douleurs liées à l'*arthrose avec déformations* des articulations entre les phalanges.

5 granules de chaque ensemble 3 fois par jour pendant les crises

- APIS 7 ch et LEDUM PALUSTRE 7 ch : calment les douleurs liées à un *excès d'acide urique*. Si vous souffrez de goutte essayez ce traitement pour vos crises. Il vous évitera souvent d'avoir recours aux anti-inflammatoires habituels. Sinon c'est la colchicine à dose allopathique qui est efficace.

5 granules de chaque ensemble 3 fois par jour pendant les crises

• au niveau des tendons

- RUTA 7 ch : permet de diminuer voire de faire disparaitre complètement des petites *nodosités sur les tendons* des doigts qui entrainent ce que l'on appelle un doigt "à ressaut". Quand vous pliez un doigt, il se bloque et puis il se "débloque" d'un seul coup.

5 granules 3 fois par jour

- Un cas particulier : le *CANAL CARPIEN*

Si vous ressentez des **fourmillements dans la paume de la main** par période, cela peut être dû à l'épaississement d'un ligament du poignet qui comprime un nerf à ce niveau. Ce ligament forme la paroi de ce passage d'où le nom de canal carpien.

- RUTA 7 ch diminue cette inflammation et améliore de nombreux cas pris au début de leur évolution. Cela peut vous éviter des infiltrations voire une intervention chirurgicale à ce niveau.

5 granules 3 fois par jour pendant la durée de la gêne

- localement massez-vous avec de la pommade RUDISTROL® àbase de plantes qui contient également du RUTA.

Mon conseil médical

- consultez la rubrique RHUMATISMES

- consultez si vos troubles ne s'améliorent pas complètement

- en cas de goutte ou d'excès d'acide urique le traitement homéopathique de TERRAIN est très utile pour prévenir les crises même si vous prenez de l'allopurinol qui est le traitement classique habituel et efficace pour métaboliser l'acide urique. L'homéopathie agira sur l'ensemble du terrain goutteux et pas uniquement sur le problème de l'acide urique qui n'en est qu'un des éléments.

Le coin du curieux

RUTA : la rue est une plante connue depuis la plus haute antiquité pour ses vertus thérapeutiques. Elle était notamment utilisée pour nettoyer et guérir les inflammations des paupières. On retrouve ce fait attesté dans les Évangiles à propos des guérisons faites par Jésus.

→ rhumatismes (CMG)
→ opérations chirurgicales

MAUX DE GORGE

Circonstances de l'AMH

Elle est possible dans les cas habituels en respectant les précautions ci-dessous.

Mon conseil en homéopathie

> • au tout début : prenez les médicaments décrits à la rubrique Inflammation de la sphère ORL
> Tout doit rentrer dans l'ordre en 48 heures.

• BARYTA CARBONICA 7 ch : correspond à une situation particulière. Pas d'état fébrile, mais simple sensation de raideur, de sécheresse de la gorge au lever ou dans une atmosphère sèche (climatisation) ou au contraire quand le temps passe brutalement à l'humidité. Il s'agit d'amygdalite localisée.

5 granules à répéter 2 fois à 1/2 heure d'intervalle (soit 3 prises en tout)

L'amélioration doit être rapide, sinon prenez les médicaments de l'inflammation de la sphère ORL.

Mon conseil médical

• consultez si :

- douleur d'apparition brutale ou sensation de raideur de la nuque ou du cou : possibilité de la formation d'un *phlegmon* (= inflammation aigue du tissu conjonctif d'un organe)
- ganglions dans la région du cou ou à la nuque. Possibilité de *mononucléause infectueuse*, rubéole, *toxoplasmose* ou autres virus.
- persistance des maux sans changement au bout de 24 heures malgré des médicaments homéopathiques paraissant bien indiqués.

> • le traitement homéopathique de TERRAIN est indispensable pour prévenir les maux de gorge à répétition.

Le coin du curieux

De nombreuses personnes ont mal à la gorge avec sensation de raideur au réveil quand elles ont fait des abus alimentaires ou de boissons. il s'agit d'une congestion localisée des muqueuses de la gorge en réaction à la surcharge du tube digestif.

Les spécialistes ORL français parlent alors de pharynx "bourguignon" du nom de la Bourgogne région de France réputée pour la richesse de sa gastronomie et de ses vins...

Comme pour les sinusites (voir cette rubrique) le traitement est celui du tube digestif...

→ ganglions
→ états fébriles
→ rubéole
→ scarlatine
→ sinusites
→ TERRAIN +++

MAUX DE TÊTE

Circonstances de l'AMH

Elle peut se faire pour avoir une action ponctuelle et en général temporaire sur les maux de tête car ceux-ci ont de multiples causes qu'il faudra déceler pour avoir un soulagement durable.

le traitement homéopathique de TERRAIN est indispensable et souvent très efficace dans les maux de tête chroniques et les *migraines vraies* (douleurs de la moitié du crâne).

Mon conseil en homéopathie

Vous choisirez en fonction de ce petit vade-mecum pratique un ou deux médicaments dont vous prendrez **5 granules au moment des crises en les répétant 1/2 heure après, 3 fois 4 prises en tout**) Si vous avez l'indication de deux médicaments alternez-les toutes les 1/2 heures de la même façon : **toujours en 7 ch sauf CHAMOMILLA en 15 ch**.

• suite de :

- indigestion : COLUBRINA / BRYONIA
- surmenage intellectuel : KALI PHOSPHORICUM ou PHOSPHORIC ACIDUM
- émotions : GELSEMIUM, AMBRA GRISEA
- soucis, chagrins : IAMARA
- contrariété non exprimée : STAPHYSAGRIA
- exposition au vent : CHAMOMILLA 15 ch
- exposition au soleil : BELLADONNA

• selon les signes d'accompagnement:

- troubles visuels : GELSEMIUM ou RUTA
- anxiété et agitation : ACONIT
- nausées, douleur sous la pointe de l'omoplate à droite : CHELIDONIUM
- sensation de battement : BELLADONNA

Reportez-vous aux rubriques concernées pour la description des signes correspondant à ces médicaments. Prenez-les dès le début des troubles.

Mon conseil médical

• consultez en cas de persistance ou de retour fréquent de ces troubles, ou si ils s'accompagnent d'emblée de signes importants : vomissements, troubles visuels nets, modification du caractère.

Le coin du curieux

La migraine dite "*ophtalmique*" se déroule ainsi :

La vue se trouble, vous voyez comme au travers d'une vitre sur laquelle coule de l'eau. La vision revient au bout de quelques minutes et à ce moment seulement le mal de tête apparaît, La crise se termine souvent par des sensations de fourmillements ou d'engourdissements au niveau des bras et parfois par une forte envir d'uriner ou d'aller à la selle. Les urines sont alors très abondantes et claires comme de l'eau.

Malgré son aspect spectaculaire et angoissant, ces crises ne sont pas dangereuses et correspondent à une réaction générale de l'organisme en état de stress physique ou psychologique.

Si vous avez exactement les troubles que je viens de vous décrire prenez en attendant de consulter:

GELSEMIUM 7 ch : 5 granules dès le début du trouble visuel répéter les 1/4 heure après puis 1/2 heure après.

Vous calmerez ainsi ou raccourcirez de nombreuses crises. Il faut avoir ce médicament dans votre poche car il est très efficace s'il est pris immédiatement. Il faut mieux le prendre trop tôt que trop tard...

L'examen des yeux ne décèle en général aucune anomalie. Vous n'avez rien.... Ah ? bon...

→ anxiété
→ irritabilité
→ indigestion
→ surmenage
→ digestif (Maladies de l'appareil...) CMG
→ TERRAIN +++

MÉMOIRE / PRÉPARATION AUX EXAMENS

Circonstances de l'AMH

Elle est très fréquente, utile et efficace pour :

- les difficultés passagères de concentration
- les problèmes de mémoire **troubles de l'attention**.
- les troubles qui accompagnent ou suivent les périodes de **surmenage intellectuel** (insomnies, irritabilité, perte d'appétit, fatigue oculaire, dépression débutante)

Mon conseil en homéopathie

• SILICEA 9 ch : est le médicament à prendre **systématiquement** pour tous ces troubles

10 granules au coucher un soir sur deux pendant 15 jours

Vous ajouterez dans la journée un des médicaments ci-dessous choisi en fonction des indications que je vous donne :

• KALI PHOSPHORICUM 7 ch : perte de mémoire, difficulté de concentration. Maux de tête à la nuque. Amélioration en mangeant.

5 granules 3 fois par jour

• ANACARDIUM 7 ch : difficulté de mémoire alors qu'elle est habituellement au-dessus de la moyenne. Irritabilité très vive à cette occasion avec tendance à devenir grossier, violent en paroles. Amélioration de l'humeur en mangeant. KALI PHOSPHORICUM est inhibé. ANACARDIUM agressif

même mode d'emploi. Possibilité de reprendre 3 granules en cas de "crise"

• CHAMOMILLA 15 ch : a cette même irritabilité mais beaucoup moins agressive. C'est plutôt de l'agacement avec envie d'envoyer tout promener... Le fait de manger ne le calme pas.

même mode d'emploi

• CUPRUM 7 ch : insomnie avec **crampes** des mollets, suite de surmenage intellectuel.

5 granules au coucher et en cas de crampes

• RUTA 7 ch : **fatigue oculaire** avec sensation de cuisson des paupières à force d'avoir fixé un écran d'ordinateur ou lu trop longtemps.

5 granules 3 fois par jour

• ARNICA 7 ch : fatigue musculaire après efforts de concentration importants. insomnies avec sensation de **meurtrissure** et de lit trop dur.

5 granules 3 fois par jour

• PHOSPHORIC ACIDUM 5 ch : dépression avec indifférence affective, recherche d'isolement, fatigue douloureusement ressentie dans le dos. Troubles fréquents chez les sujets qui viennent de créer quelque chose (projet artistique ou autre, écriture d'un livre..., aboutissement après de longs efforts dans une recherche)
   Ces troubles physiques correspondent sur le plan psychologique à la notion de "**perte d'objet**" qui nécessite une adaptation passagère. C'est le même mécanisme qui explique la réaction dépressive à la suite d'un accouchement.

5 granules 3 fois par jour. Si vous vous savez fragile sur ce problème prenez ce médicament à titre préventif dans ces circonstances.

Mon conseil médical

• consultez si vos troubles persistent ou ne s'améliorent pas complètement en 15 jours avec ce que je vous indique.

• évitez au maximum les médications classiques : tranquillisants, somnifères, qui, tous, perturbent les mécanismes de la mémoire.

Le coin du curieux

Avez-vous remarqué que, spontanément, quand vous réfléchissez, et que vous êtes devant un problème à résoudre, vous avec le réflexe de vous gratter le sommet du crâne ?

C'est l'endroit où se situe un point d'acupuncture très important pour stimuler la mémoire... Le corps sait des choses que parfois nous ignorons...

→ anxiété
→ irritabilité
→ croissance (Troubles de...)
→ appétit (Troubles de...)
→ surmenage. fatigue
→ dépression nerveuse
→ yeux (Maladies des...)

MÉNOPAUSE et PRÉMÉNOPAUSE

Circonstances de l'AMH

Elle est possible pour soulager les **troubles fonctionnels** qui accompagnent souvent ce passage. La date précise de la ménopause n'existe pas. C'est une période plus ou moins longue et plus ou moins émaillée de troubles biologiques, physiques ou comportementaux.

Mon conseil en homéopathie

• bouffées de chaleur: voir cette rubrique

• Engourdissements des extrémités : voir FOURMILLEMENTS

• Troubles circulatoires veineux : voir VARICES

• Problèmes de poids : voir OBÉSITÉ

• Troubles nerveux : voir ANXIÉTÉ / IRRITABILITÉ / INSOMNIE

Mon conseil médical

> • consultez votre gynécologue régulièrement dans cette période (une ou deux fois par an)

Le coin du curieux

• le moment de la ménopause comme celui de la puberté semble être lié à l'hérédité. En interrogeant les femmes de votre famille vous aurez si vous êtes dans "vos" normes...

• à la puberté certaines jeunes filles ont des petits saignements de nez à la place de leurs premières menstruations. On appelle celà des épistaxis "vicariantes" : de vicaire qui veut dire "suppléant".

Ne vous inquiétez pas si, au moment de l'arrêt de vos règles, à la ménopause ces petites hémorragies se reproduisent deux ou trois fois. C'est possible et sans danger.

→ anxiété
→ irritabilité
→ fourmillements des extrémités
→ varices
→ bouffées de chaleur
→ obésité

MUSCULAIRES (Douleurs...)

Circonstances de l'AMH

Elle est utile pour

- les **crampes** : contraction involontaire d'un muscle
- les *"impatiences"* au niveau des membres inférieurs qui provoquent un besoin de remuer, de marcher
- les **courbatures** : douleurs ressenties au niveau des muscles ou des articulations après des efforts ou pendant certaines maladies virales (grippe par exemple)
- les **contractures** qui s'accompagnent de ces troubles.

Mon conseil en homéopathie

• CRAMPES

- CUPRUM METALLICUM 7 ch : 5 granules à répéter si besoin 1/4 heure après au moment de la douleur, est efficace en quelques minutes dans la majorité des cas.

- COLOCYNTHIS 7 ch : même mode d'emploi mais ici il s'agit de crampes au niveau des plexus nerveux de l'abdomen ou de l'estomac. Elles sont souvent secondaires à une colère. L'amélioration doit être rapide, sinon consultez.

• IMPATIENCES

- RHUS TOXICODENDRON 7 ch : voir ci-dessous à courbatures.

- ZINCUM 7 ch : besoin de bouger les jambes avec en plus des secousses musculaires à ce niveau. Troubles souvent déclenchés après avoir bu du vin blanc, rosé ou du Champagne. même mode d'emploi.

• COURBATURES

- RHUS TOXICODENDRON 7 ch : douleurs ressenties au niveau des articulations, besoin de frotter les muscles, de bouger dans l'ensemble car l'immobilité aggrave les signes. même mode d'emploi.

C'est un excellent compagnon de voyage car il permet de se défatiguer plus vite. Avant de partir 5 granules et en cas de crise douloureuse 5 granules à répéter 1/2 heure après si besoin.

- ARNICA 7 ch : les douleurs sont ressenties au niveau de la masse musculaire, spontanément ou à la pression. Insomnie car le lit paraît trop dur.

5 granules 3 fois par jour

Mon conseil médical

• consultez la rubrique Rhumatismes et Surmenage.

• prendre un avis médical si :

- troubles accompagnés de signes circulatoires : consultez attentivement la rubrique maladies cardio-vasculaires.

- vous suivez un traitement qui comporte des diurétiques (médicaments qui font uriner) car les crampes peuvent être dues à un manque de potassium.

Le coin du curieux

Savez-vous que le mot muscle vient de "petite souris"=mus? La souris est la partie charnue à l'extrêmité de l'os du gigot ?

Il est une tradition dans certaines campagnes françaises de mettre dans son lit une clé en cuivre pour calmer les crampes nocturnes... Or le cuivre c'est CUPRUM METALLICUM...

→ rhumatismes (CMG)
→ grossesse
→ cardio-vasculaire (CMG)
→ états grippaux
→ surmenage

NÉVRALGIES

Circonstances de l'AMH

J'emploie ici le terme de névralgie, pour désigner la **douleur sur un trajet nerveux**. Il existe de nombreuses causes de névralgies qu'il convient de diagnostiquer si elles persistent.

Mon conseil en homéopathie

Vous choisirez en fonction :

• des causes déclenchantes :

   - ACONIT 7 ch : suite de froid sec, de vent. Sensation locale de fourmillements, d'engourdissements. Pris très tôt il peut éviter certaines crises de **névralgie faciale** (dues à une inflammation du nerf trijumeau).

   - RHODODENDRON 7 ch : suite de **temps orageux** avec dépression barométrique importante. Sensation d'écrasement, de pincement au niveau douloureux.

• des caractères de la douleur

   - PHYTOLACCA 7 ch : douleur qui suit le trajet du nerf comme une **secousse électrique**. Aggravation par le temps humide.

   - KALI BICHROMICUM 7 ch : vous pouvez recouvrir l'endroit douloureux avec votre doigt. La douleur est **très localisée**. Quand elle se calme à un endroit, elle se déplace et réapparaît à un autre.

> Ces 4 médicaments sont à prendre : 5 granules toutes les 1/2 heures au moment de la crise puis espacer en fonction de l'amélioration (4 prises en tout).

• des signes qui accompagnent la douleur

   - CHAMOMILLA 15 ch : irritabilité, hypersensibilité, **amélioration par le mouvement**.

   5 granules à répéter 1/4 heure après puis 1/2 heure puis espacer. L'amélioration doit être rapide. (4 prises en tout)

- COLUBRINA 7 ch : *irritabilité +++*, amélioration en dormant 10 minutes, intolérance au froid, au vent.

5 granules à répéter 1/2 heure après (4 prises en tout) si l'amélioration n'est pas rapide pour ces 2 médicaments c'est que votre cas demande autre chose.

• CAS PARTICULIERS

- douleurs suite d'amputation et de piqûres par objets pointus : consultez la rubrique : Plaies.

Mon conseil médical

• consultez pour toute névralgie qui empêche de dormir ou qui accompagne une éruption cutanée (risque de zona) ou qui s'accompagne d'une modification de la sensibilité ou de la force dans la zone douloureuse.

Le coin du curieux

PHYTOLACCA : le raisin d'Amérique est un petit arbuste qui a de nombreuses propriétés en homéopathie : anti-névralgique, régulateur des défenses immunitaires au niveau des globules blancs mais aussi décongestionnant du tissu mammaire.

Les éleveurs de bétail américains l'utilisaient d'ailleurs au 19è siècle pour calmer les mammites (inflammations des mamelles) de leurs animaux. Ainsi de nombreuses observations populaires se sont trouvées confirmées par la science plusieurs années après leur constatation.

Sachez que actuellement de grands laboratoires pharmaceutiques vont étudier sur place les "secrets" des médecines traditionnelles pour tenter d'y découvrir de nouveaux médicaments pour des maladies graves dites de "civilisation". Ainsi en Afrique on connaît des substances qui guérissent le diabète et des maladies rhumatismales réputées incurables.

→ plaies
→ zonas
→ thorax (Douleurs du...)
→ seins (Maladies des...)

OBÉSITÉ ET HOMÉOPATHIE

Circonstances de l'AMH

Elle est possible pour vous aider encas :

- de *faim* excessive (boulimie, fringales)

- de *cellulite* pour en soulager les troubles veineux

- le traitement homéopathique de votre TERRAIN est par contre indispensable en cas de dérèglement endocrinien, et pour vous aider à suivre le régime toujours nécessaire si vous souhaitez maigrir intelligemment.

En effet il n'y a pas de traitement homéopathique de l'obésité mais il existe le traitement du TERRAIN de la personne qui a un problème de poids.

Mon conseil en homéopathie

- appétit augmenté voir la rubrique APPÉTIT
- facteurs psychologiques : voir ANXIÉTÉ, IRRITABILITÉ, SURMENAGE
- troubles veineux : voir VARICES.

- NATRUM SULFURICUM 7 ch : est un petit truc pour vous aider à vous désinfiltrer sans danger dans toute cure d'amaigrissement et en cas de **cellulite**.

15 granules à dissoudre dans un litre d'eau minérale. Prenez un grand verre de cette préparation au réveil (alors que vous êtes encore allongée, c'est important) et au coucher.

Mon conseil médical

- selon votre tempérament prenez-vous seule en charge ou bien suivez des techniques de groupe qui sont efficaces à condition que vous "jouiez le jeu".

• sachez que pour maigrir il faut manger 3 fois par jour et ne jamais sauter un repas. Si vous faites beaucoup d'efforts par ailleurs sans vous tenir à cette règle simple, vous ne maigrirez pas de façon définitive et stable.

Le coin du curieux

Si votre tempérament homéopathique madame correspond à PULSATILLA, les techniques de groupe vous sont particulièrement conseillées. En effet :

- vous aimez les sucreries, les pâtisseries, les douceurs
- vous vous réfugiez dans la nourriture quand vous êtes malheureuse ou trop heureuse...
- vous êtes pleine de bonne volonté si l'on s'occupe de vous
- vous avez besoin d'être encouragée, "maternée"
- vous adorez que l'on vous prodigue des félicitations quand vous faites des efforts.
- enfin vous aimez vous occuper des autres ce qui fait peut-être de vous une future monitrice pour ces groupes quand vous aurez réussi à résoudre votre problème de poids...

(cela s'applique aussi à l'homme de type PULSATILLA mais les problèmes de poids sont plus fréquents et difficiles à résoudre chez la femme.)

→ appétit
→ varices
→ surmenage
→ anxiété, irritabilité
→ TERRAIN +++

OPÉRATIONS CHIRURGICALES

Circonstances de l'AMH

- Si vous devez subir une intervention chirurgicale, il est possible de faciliter ses résultats avec les médicaments que je vous indique

- Vous pouvez les prendre **SANS AUCUN RISQUE** même si vous avez besoin par ailleurs de médicaments allopathiques prescrits par votre médecin ou chirurgien.

- Ces médicaments homéopathiques ont un triple intérêt :

    1. atténuation du choc opératoire
    2. diminution des risques d'hémorragies
    3. facilitation de la cicatrisation des tissus.

Mon conseil en homéopathie

> - ARNICA 7 ch et CHINA 7 ch : 5 granules de chaque, ensemble, au lever et coucher.
>
> Commencer 48 heures avant l'intervention. Continuer 15 jours après.

- RAPHANUS 5 ch : en cas d'intervention abdominale pour faciliter la **reprise des gaz et des selles**. Attention ; NE LE PRENEZ PAS TROP TÔT. Attendez que les gaz "montent" et prenez 5 granules à répéter 3 fois à 1/2 heure d'intervalle (4 prises en tout)
Cette technique calme rapidement les douleurs, permet une réalimentation plus rapide et une meilleure cicatrisation post-opératoire.

- ANTIMONIUM TARTARICUM 7 ch : vous aidera après une intervention sur les poumons pour évacuer les **mucosités** fréquentes qui entrainent des quintes de toux douloureuses et dangereuses pour la cicatrisation. Ce même médicament est utile avant toute séance de **rééducation respiratoire** pour bronchite chronique ou asthme.

5 granules à répéter 1/2 heure après et espacer en fonction de l'amélioration (4 prises en tout)

Vous bénéficierez également de l'homéopathie pour :

- modérer votre anxiété en phase pré-opératoire

- rendre votre convalescence plus confortable : consultez les rubriques :

- plaies pour les cicatrices
- abcès en cas de suppuration
- névralgies en cas de douleurs
- surmenage pour la fatigue

Mon conseil médical

25 ans de pratique homéopathique en collaboration avec des confrères chirurgiens me permettent de vous affirmer l'intérêt de cette technique simple qui ne gêne en rien les traitements prescrits par ailleurs si vous respectez exactement mes indications.

Le coin du curieux

CHINA est le quinquina : écorce d'un arbuste d'Amérique du sud qui a une place historique en homéopathie.

C'est en effet avec cette substance que Samuel HAHNEMANN a fait la première expérimentation de ce qui est devenu l'homéopathie que nous connaissons de nos jours.

Si l'histoire vous intéresse reportez-vous à la rubrique "QUI ÉTAIT S. HAHNEMANN? page 47

→ accouchement
→ anxiété
→ abcès
→ plaies
→ névralgies
→ surmenage

OREILLONS

Circonstances de l'AMH

Elle est possible dans les cas habituels. Cette maladie infectieuse due à un virus, évolue ainsi :

- incubation silencieuse 21 jours
- invasion 4 jours puis dégonflement des glandes parotides qui se situent derrière la branche montante des maxillaires et donnent un aspect en "poire" du visage pendant la crise.
- contagion par les gouttelettes salivaires dès l'invasion et pendant la durée de la tuméfaction.

Actuellement on observe de nombreux cas d'inflammation des parotides liés à des virus autres que celui des oreillons. Le traitement homéopathique est le même, pour ces *parotidites*.

Mon conseil en homéopathie

> • au début : médicaments des ÉTATS FÉBRILES en utilisant systématiquement, BELLADONNA / FERRUM PHOSPHORICUM ET MERCURIUS SOLUBILIS comme indiqués à cette rubrique.

- PULSATILLA 7 ch : est à prendre dès le 4ème jour du gonflement pour éviter les complications éventuelles. Arrêter alors la prise des médicaments du début.

5 granules 3 fois par jour pendant 8 jours
++ : ne pas utiliser s'il y a une douleur d'otite.

Mon conseil médical

• Consultez dans les cas suivants :

- oreillons chez un adolescent ou un adulte : risque de complications : inflammation des testicules, ovaires ou pancréas.
- recrudescence de la fièvre aux 6ème ou 7ème jour de la maladie, ou si douleurs abdominales
- maux de tête et légère raideur de la nuque possibilité de réaction méningée presque toujours bénigne, rassurez-vous.

Le coin du curieux

• en médecine du travail on décrit chez les ouvriers travaillant au contact de produits à base de mercure, des "oreillons mercuriels". Cela correspond à une atteinte des parotides par ce produit toxique. Encore un exemple de l'application de la loi de similitude :voir page 19.

→ états fébriles
→ maux de tête
→ abdominales (Douleurs ...)
→ otites

OSSEUSES (Douleurs...)

Circonstances de l'AMH

Elle pourra être utile en cas de douleurs après un traumatisme s'il persiste une sensibilité au niveau de la paroi osseuse. En réalité c'est le **périoste** (la "peau" de l'os : fine pellicule de tissu qui le recouvre qui est alors douloureux.)

La raison de la douleur des **tendinites** est identique. Ce sont des microtraumatismes répétés au niveau de l'attache des tendons sur l'os qui déclenchent l'inflammation du tendon par l'intermédiaire duquel les muscles sont fixés sur le squelette osseux.

Mon conseil en homéopathie

- KALI IODATUM 7 ch : est à prendre **systématiquement** devant une douleur périostée.

5 granules 3 fois par jour

-**Vous y ajouterez** selon les signes, un de ces médicaments 5 granules 1/2 heure après KALI IODATUM:

- ARNICA 7 ch : si les douleurs font suite à un coup avec formation d'un bleu, et qu'il persiste une sensation de **meurtrissure.**

- RUTA 7 ch : si les douleurs aggravées par la **pression** sont très rapidement améliorées par le mouvement et la chaleur localement.

- MERCURIUS SOLUBILIS 7 ch : si les douleurs s'accompagnent de **névralgies** localement et si votre Terrain est "arthritique" (consultez la rubrique RHUMATISMES)

- PLATINA 7 ch : calmera les **douleurs du talon** si vous êtes porteur d'une **épine de Lenoir**. C'est une exostose (=une excroissance de cartilage) au niveau du calcanéum : l'os du talon. Cette douleur est très difficile à calmer avec les médicaments classiques alors que l'homéopathie est souvent très efficace et peut vous éviter des infiltrations douloureuses à ce niveau mais qui sont le traitement classique habituel...

Mon conseil médical

• consultez attentivement la rubrique: Rhumatisme (CMG).

• rappelez-vous surtout qu'il est important de consulter si une douleur osseuse vous réveille la nuit ou si elle s'accompagne de modifications de la sensibilité à la chaleur, au froid ou de troubles de l'équilibre : vertiges, impression de flotter, de sentir mal le sol à la marche.

Le coin du curieux

Un petit "truc" pour ceux d'entre vous qui ont besoin de **traitements oculaires avec du laser**. Cette technique très efficace dans des mains entrainées laisse souvent, même lorsqu'elle est bien réalisée, des douleurs osseuses autour des orbites. Un médicament homéopathique peut vous soulager :

- EUPATORIUM PERFOLIATUM 7 ch : 5 granules 4 fois par jour au moment des séances.

Ceci a été vérifié par des confrères et amis ophtalmologistes qui ne "croyaient pas" à l'homéopathie.

Coïncidence amusante, cette plante appelée herbe à la fièvre ou "bone-set" (briseur d'os) est utilisée depuis des décennies pour calmer les douleurs osseuses de la grippe.

→ traumatismes
→ états grippaux
→ rhumatismes (CMG)

OTITES

Circonstances de l'AMH

Elle n'est possible qu'au stade de l'inflammation qui va se traduire par une douleur de l'oreille soit isolée, soit au cours d'une rhinopharyngite ou d'une poussée dentaire.

Comme vous ne pouvez observer l'état du tympan avec un otoscope ainsi que le fait le médecin, vous devez seulement utiliser les médicaments de l'inflammation.

+++ Toute autre auto-médication est dangereuse.

Mon conseil en homéopathie

• *consultez la rubrique inflammation de la sphère ORL*

• *un cas particulier* : à l'occasion d'une poussée dentaire les douleurs seront vite calmées par

- CHAMOMILLA 15 ch : l'enfant a souvent une joue plus rouge que l'autre. Il est grognon, pleure et se calme si vous le bercez ou marchez en le prenant dans vos bras. Il se remet à pleurer si vous vous arrêtez. Tous les parents ont connu cela...

3 granules tous les 1/4 heures puis espacer en fonction de l'accalmie (4 prises en tout) ou bien faites fondre 15 granules dans 60 ml d'eau et donnez 1 cuiller à café de cette préparation toutes les 10 minutes puis espacer. Agitez bien à chaque fois votre préparation.

Mon conseil médical

Consultez si :

- pas d'amélioration rapide (quelques heures)

- fièvre avec alternance d'abattement et d'excitation (possibilité de formation d'une suppuration.)

- coexistence même sans fièvre d'une diarrhée chez le nourrisson ou le petit enfant.

Sachez que le *traitement de TERRAIN homéopathique est irremplaçable* pour la prévention des otites à répétition. Sachez aussi que vous pouvez traiter les épisodes aigus avec des médicaments classiques même si votre enfant est sous traitement de fond homéopathique. Ces crises deviendront moins fréquentes, moins fortes et réagiront alors bien à l'homéopathie même en période de crise.

• dans un cas aigu ne jamais utiliser PULSATILLA comme on le voit trop souvent indiqué dans les livres d'homéopathie familiale. Il peut dans ces circonstances favoriser une perforation du tympan...

Le coin du curieux

Si vous vous reportez à la rubrique IRRITABILITÉ vous constaterez que l'amélioration des douleurs dentaires du nourrisson par le mouvement indiquant CHAMOMILLA va se retrouver à l'âge adulte mais elle s'exprimera autrement : amélioration de l'irritabilité, de l'agacement :

- en marchant, en conduisant sa voiture
- par le mouvement de bercement du train, de la chaise berçante
- par le ronronnement endormant du casque chez le coiffeur pour les femmes.

→ inflammation de la sphère ORL
→ rhumes
→ sinusites
→ respiratoire (Maladies de l'appareil...) CMG
→ toux
→ TERRAIN +++

PALPITATIONS

Circonstances de l'AMH

Elle est très fréquente pour ces troubles gênants et en principe sans gravité. Ils demandent quand même un contrôle électro-cardiographique pour vérifier l'absence d'anomalie cardiaque, si vous avez des **extra-systoles** (=irrégularité des **battements du coeur**) ou de la **tachycardie** (=accélération de ces battements).

Mon conseil en homéopathie

Vous choisirez l'un des médicaments ci-dessous et le prendrez 5 granules au moment des troubles à répéter éventuellement 1/2 heure après si besoin.

- suite de frayeur : GELSEMIUM 7 ch
- suite d'émotions, de soucis : IAMARA 7 ch / MOSCHUS 7 ch / AMBRA GRISEA 7 ch
- suite d'abus de tabac : GELSEMIUM 7 ch
- suite d'abus de café ou de thé : GELSEMIUM 7 ch

A tous ces médicaments vous pouvez adjoindre en cas d'anxiété avec besoin de bouger.

- ACONIT 7 ch : 5 granules en même temps que le médicament choisi.

Mon conseil médical

• consultez la rubrique CMG : maladies de l'appareil cardio-vasculaire.

Le coin du curieux

La région du coeur est une zone où se projette de nombreux troubles qui ont un caractère angoissant. Certaines douleurs dans le muscle pectoral gauche sont dues à une mauvaise position vertébrale au niveau de la 5ème dorsale. L'ostéopathie est dans ce cas le traitement indiqué. Sinon c'est comme si vous aviez le doigt coincé dans une porte et que vous preniez de l'aspirine pour vous soulager... Il est plus logique d'ouvrir la porte...

→ anxiété
→ irritabilité
→ cardio-vasculaire (Maladies de l'appareil...) CMG

PEAU
(Maladies de la...) CMG

Dans la majorité des cas les maladies s'exprimant au niveau de la peau nécessitent un **avis spécialisé** pour être soignées car elles ont de multiples causes. De plus les traitements locaux dépendent du diagnostic précis.

L'AMH permet d'agir sur les symptômes gênants ce qui est utile mais souvent insuffisant pour avoir un effet durable. Le traitement homéopathique de TERRAIN est capital pour toutes les maladies de la peau (=dermatoses).

Quelques règles absolues : consultez si :

• les lésions

  - sont d'emblée très étendues
  - reposent sur une base dure
  - ont tendance à s'ulcérer ou à saigner facilement (grains de beauté, verrues, papillomes)
  - sont localisées aux organes génitaux, à la plante des pieds ou la paume des mains.

• il s'agit de **mycoses** : ces maladies dues à des champignons (candida, albicans = **candidoses,** arrange trichophyton = **intertrigo**, **pied d'athlète** ou microsporum furfur = **pityriasis versicolor)** nécessitent toutes un traitement local précisément adapté.

• au cours d'un épidose fébrile apparaissent des petites **taches violettes indolores**, ne disparaissant pas si vous appuyez dessus contraitement à un érythème signe moins grave.
Il s'agit de **purpura** témoin d'une affection microbienne qui peut être gravissime (méningite, néphrite...) et justifie diagnostic et traitement d'urgence.

Pour tous les autres cas lisez attentivement les rubriques consacrées à la peau et les conseils de prudence que je vous donne.

Un conseil général pour toutes les **démangeaisons** :

- pulvérisez de l'eau minérale utilisée pour les soins du visage
- poudrez-vous ensuite avec du Talc au Calendula Ligne Verte®
- appliquez si nécessaire de la pommade HOMÉOPLASMINE®
(sauf chez l'enfant de moins de 30 mois).

PLAIES

Circonstances de l'AMH

Elle aidera à accélérer la **cicatrisation normale**, à calmer les douleurs et à éviter les douleurs résiduelles qui persisteraient après la guérison de la plaie, ou des **blessures**.

Mon conseil en homéopathie

- dans tous les cas

   - désinfecter avec du CALENDULA en T.M (teinture-mère) 30 gouttes dans un 1/2 verre d'eau, ou bien directement en T.M si la plaie est très localisée.

   - appliquer ensuite la pommade CICADERMA®

   - prendre PYROGENIUM 7 ch et ARNICA 7 ch : 5 granules de chaque ensemble matin et soir pendant la durée de la cicatrisation.

- selon les cas ajouter 5 granules 3 fois par jour de l'un de ces médicaments

   - STAPHYSAGRIA 7 ch : plaies par **instrument tranchant** avec coupure nette (section de tendon par exemple) en plus bien sûr de l'acte chirurgical.

   - HYPERICUM 15 ch : plaies par **instrument pointu**, aiguilles, notamment au niveau de la pulpe des doigts, mais aussi des gencives après piqûre pour anesthésie locale ou ponction lombaire ou injection pour anesthésie péridurale lors d'un accouchement.

   - LEDUM PALUSTRE 7 ch : comme HYPERICUM mais les douleurs sont beaucoup moins vives et localement améliorées par des application froides alors que, curieusement, la douleur s'accompagne d'une **sensation de froid** au niveau de la plaie.

   - ALLIUM CEPA 7 ch : douleurs des moignons d'**amputation**

• Pour les problèmes de cicatrisation

- GRAPHITES 7 ch : évite la formation de cicatrices trop visibles et risquant de se rétracter (dites *chéloidiennes*). C'est très utile en **chirurgie esthétique** ou pour les plaies situées au niveau des plis de flexion.

5 granules matin et soir par période de 5 jours sur 7, attention si vous êtes porteur d'eczéma : demandez l'avis de votre homéopathe avant de l'utiliser.

- SILICEA 9 ch : si la plaie a **tendance à la suppuration.** Ce médicament peut permettre d'éliminer plus facilement les fils de paroi après une intervention chirurgicale.

5 granules matin et soir en plus de tout autre médicament éventuellement indiqué par votre médecin.

• en cas d'**hémorragie**, quelle qu'en soit la cause, prenez en attendant un avis médical : CHINA 7 ch : 10 granules à répéter une 1/2 heure après ou CHINA 15 ch : une dose-globules, une seule fois.

Mon conseil médical

• consultez impérativement si :

> - plaie due à un objet pointu souillé de terre ou après toute *morsure par un animal. Vérifier que votre vaccination antitétanique est bien à jour.*

- plaie suivie d'une modification de la sensibilité de la peau dans le territoire de la blessure ou de modification de la mobilité d'un segment de membre, surtout au doigt (possibilité d'atteinte d'un tendon)- plaie qui reste douloureuse malgré un traitement antiseptique local et qui réveille la nuit. Même chose quand ces symptômes existent chez un sujet sous plâtre (possibilité d'infection sous celui-ci).

- plaie sur ou à proximité d'un trajet veineux surtout si vous êtes porteur de varices.

- apparition d'une traînée rouge, douloureuse : possibilité de **lymphangite**(inflammation des vaisseaux lymphatiques) fréquente après des griffures (maladie des *"griffes du chat"*).

Le coin du curieux

La staphysaigre (STAPHYSAGRIA) est une plante aux propriétés multiples. Elle est également utilisée en homéopathie pour ce que l'on appelle la "cystite des jeunes mariés". Il s'agit d'une sensation de cuisson douloureuse au niveau de la vessie qui se calme PENDANT la miction et qui revient à la fin de celle-ci. Cette sensation peut survenir après un traumatisme de cette région : traumatisme désagréable : sondage urinaire par exemple, traumatisme agréable : rapports sexuels un peu trop fréquents... Je vous signale que ce médicament marche également si vous n'êtes pas des jeunes mariées ou si vous vivez en concubinage...

→ accouchement
→ névralgies
→ vaccinations et homéopathie
→ voies Urinaires et Génitales
→ ganglions
→ opérations chirurgicales

RESPIRATOIRE (Maladies de l'appareil...)

CULTURE MÉDICALE GÉNÉRALE

• **Avis médical systématique si :**

  • les troubles s'accompagnent d'atteinte de l'état général avec : amaigrissement, fatigue persistante, sueurs, perte de l'appétit, insomnie.

  • existence de fièvre persistante, même légère

  • pas d'amélioration rapide avec les médicaments indiqués.

• **Selon les circonstances :**

  • maux de gorge : consultez si :

  - douleur d'apparition brusque avec sensation de raideur du cou ou de la nuque : risque de réaction inflammatoire des méninges.

  - maux de gorge avec vomissements : risque de scarlatine.

  - apparition de ganglions dans la région du cou ou de la nuque ou sous le menton : possibilité de mononucléose infectieuse, rubéole ou autres maladies virales.

  • otites :

  - alternance de phases de douleurs et d'accalmies : c'est souvent le signe de la formation d'un abcès.

  - coexistence d'une diarrhée chez l'enfant ou surtout le nourrisson. Chez ce dernier les troubles intestinaux sont souvent la première manifestation d'une infection respiratoire.

  - apparition d'une **surdité brutale** (voir VERTIGES) (c'est une **urgence ORL**).

- sinusites :

  - fièvre avec frissons, réveil nocturne par les douleurs justifient un avis spécialisé rapide.

- toux : consultez si :

  - modification de la voix même minime.

  - expectoration striée de sang.

  - fièvre persistante et sueurs nocturnes.

  - apparition récente avec amaigrissement ou perte de l'appétit.

  - **essoufflement** au repos ou à l'effort.

  - oppression respiratoire au repos ou à l'effort ou points douloureux au niveau du thorax.

+++ = au cours d'une infection ORL une gêne respiratoire s'installe, augmente progressivement et l'enfant refuse de s'allonger. Il peut s'agir d'une *épiglottite* = inflammation avec oedème (gonflement) de l'épiglotte située au-dessus du larynx. C'est une *urgence ORL*. Consultez et surtout laissez l'enfant assis.

N'OUBLIEZ PAS QUE :

Pour la prévention des affections respiratoires à répétition le traitement est particulièrement indiqué et presque toujours efficace.

Même si vous traitez vos épisodes aigus par la thérapeutique classique vous pouvez et devez faire ce traitement notamment pour :

= les rhinopharyngites, les otites et les maux de gorge à répétition du nourrisson et de l'enfant.

= les bronchites chroniques de l'adulte ou de l'âge d'or.

RHUMATISMES .
OSTÉO-ARTICULAIRE
(Maladie de l'appareil...)

CULTURE MÉDICALE GÉNÉRALE

• Il faut savoir distinguer 3 grandes catégories de rhumatismes

- **L'ARTHROSE** qui correspond à l'*usure du cartilage* recouvrant les os au niveau des articulations. Elle est soit localisée et fonction de la surcharge de telle ou telle articulation, soit généralisée et constitue alors une maladie de TERRAIN pour laquelle l'homéopathie pourra apporter des réponses intéressantes.

- **L'ATHRITE** qui correspond à une *inflammation* de la "cavité" des articulations au niveau du tissu qui les tapisse, appelé synoviale. Ces troubles font partie des rhumatismes inflammatoires dont le plus connu est l'*ARTHRITE RHUMATOÏDE*. Ces pathologies nécessitent le plus souvent un traitement classique anti-inflammatoire mais l'homéopathie est un complément très utile qui permet de réduire les inconvénients fréquents des médicaments classiques indispensables dans ces cas.
L'avis médical pour le suivi de ces maladies est toujours nécessaire.

- **les douleurs dites "ARTHRITIQUES"** en homéopathie qui correspondent aux douleurs des *ligaments, des tendons, du périoste* (la "peau" de l'os).
Ces douleurs sont souvent déclenchées par les changements de temps: humidité, grosse chaleur. Elles siègent à différents endroits du corps: membres, gencives, ligaments oculaires, ligaments péri-articulaires mais aussi paroi des veines et ligaments qui "soutiennent" les organes internes (estomac, vessie, organes génitaux).

Ce TERRAIN arthritique répond remarquablement aux médicaments homéopathiques.

Mon conseil médical: consultez si:

- douleurs accompagnées de fièvre même discrète.

- modification de la température locale des articulations ou gonflement même minime.

- réveil par les crises douloureuses.

- association de troubles au niveau de la peau, de la gorge ou des voies urinaires.

Le coin du curieux

L'intérêt de l'homéopathie dans le traitement de l'arthrite rhumatoïde a été confirmé par un travail réalisé en milieu hospitalier à GLASCOW (Écosse) et publié en 1978 par le très sérieux BRITISH JOURNAL OF CLINICAL PHARMACOLOGY suivi d'une confirmation de ces résultats en 1980.

RHUMES ET CORYZAS

Quoi de plus banal qu'un rhume... Vous connaissez peut-être la position ironique des médecins à ce sujet.

"un rhume traité dure huit jours, un rhume non traité dure une semaine..."

L'utilisation de l'homéopathie va vous permettre facilement de vérifier que cette affirmation peut être remise en question.

Mon conseil en homéopathie

Il faut vous soigner = vite et simplement

Voici comment:

1. Vous éternuez, votre nez coule, vous avez la sensation d'avoir "pris froid"

ACONIT 7CH et ALLIUM CEPA 7ch
5 granules de chaque ensemble à répéter 1 heure après 3 fois puis toutes les 2 heures pendant 24 heures

2. même tableau mais par moments votre nez se bouche. Ajoutez:

AMMONIUM CARBONICUM 7ch: 5 granules en plus de ces deux médicaments 3 fois par jour

3. parfois cette sensation de nez bouché s'accompagne d'une petite toux sèche et agaçante. Remplacez alors AMMONIUM CARBONICUM par

STICTA PULMONARIA 7ch: 5 granules 3 fois par jour

Il y a alors deux évolutions possibles:

Tout disparaît en 24 heures ou bien l'écoulement nasal devient plus épais:

1. verdâtre avec des croûtes, irritant, parfois avec un petit saignement quand vous vous mouchez. Arrêtez les granules

précédents et prenez uniquement

KALI BICHROMICUM 7ch : 5 granules 4 fois par jour jusqu'à la fin des troubles

2. jaune, non irritant, sans croûtes. Cet écoulement s'accentue quand vous êtes dans une atmosphère chaude et s'améliore à l'air frais

PULSATILLA 7ch : 5 granules 3 fois par jour (pas plus) jusqu'à la fin des troubles

EN CAS de non guérison complète en 48 heures ajouter

SULFUR IODATUM 9ch: 10 granules au coucher 3 soirs de suite pour "nettoyer" vos muqueuses respiratoires.

Ce schéma de traitement qui peut vous paraître compliqué au premier abord, est en réalité très simple. *C'est en l'utilisant pour vous-même* que vous allez en saisir tout l'intérêt.

Vous savez qu'un rhume peut être banal, voire se guérir seul spontanément. Vous savez aussi que s'il dure trop longtemps il peut se compliquer d'infection des sinus, des oreilles ou des poumons.

C'est donc en agissant **dès les premiers signes** que vous éviterez dans la majorité des cas le passage à ces complications et à l'utilisation parfois indispensable des antibiotiques ou de la cortisone qui, en dehors de leur efficacité évidente sur le moment, peuvent avoir de redoutables effets secondaires si vous êtes amenés à les consommer trop fréquemment.

C'est si simple d'avoir les quelques granules que je vous indique sous la main...

Mon conseil médical

Soignez tous vos rhumes par homéopathie.

Le coin du curieux

savez-vous que les mots rhumatisme et rhume ont la même racine grecque (rhein=couler). Dans les débuts de la médecine il était habituel de penser que les maladies provenaient de mauvaises humeurs (au sens de liquides) qui devaient donc s'éliminer au niveau des différents endroits du corps, par exemple les articulations dans le cas des "rhumatismes".

→ inflammationde la sphère ORL
→ sinusites
→ toux

ROUGEOLE

Circonstances de l'AMH

Elle est possible au stade de la phase dite d'invasion:

- après une incubation silencieuse de 12 jours cette phase dure 4 jours: écoulement au niveau des yeux, du nez, de la gorge. Il apparaît des petits points blancs à la face interne des joues. Ensuite l'éruption apparaît. Elle débute derrière les oreilles, s'étend au visage et au reste du corps et dure 8 jours. la contagion se fait par la salive, 48 h avant l'invasion, maximum pendant celle-ci et persiste pendant toute la durée de l'éruption.

Mon conseil en homéopathie

• **au tout début**: les médicaments de *l'inflammation de la sphère ORL*. Consultez la rubrique.

- EUPHRASIA 7 ch: est à ajouter pour calmer l'*irritation oculaire*.

5 granules 3 fois par jour

- BRYONIA 7ch: calmera la *toux* si elle est sèche, irritante et que le sujet a très soif de grandes quantités d'eau.

5 granules 3 fois par jour

•*au stade de l'éruption:* il faut consulter car il y a des risques de complications respiratoires (bronchopneumonie) ou ORL (otite, surdité) mais l'adjonction du traitement homéopathique aidera à les éviter au mieux.

• à ce stade quel que soit le traitement classique éventuel prescrit par ailleurs prenez systématiquement

- PYROGÉNIUM 7ch: qui a un effet *préventif des surinfections*

5 granules 3 fois par jour et arrêtez les médicaments ci-dessus si votre médecin ne prescrit pas d'homéopathie.

Mon conseil médical

Si cela vous est possible essayez de faire traiter cette maladie par un homéopathe. Quand les médicaments sont bien choisis les résultats sont excellents, la convalescence plus courte et l'acquisition de l'immunité meilleure pour les maladies futures.

Il faut être plus vigilant pour les sujets de race noire dont la sensibilité au virus de la rougeole est particulièrement vive. C'est une question de TERRAIN immunologique qui fait de la rougeole une des maladies épidémiques de l'enfant parmi les plus redoutables en Afrique noire. Les campagnes de vaccination systématique contre la rougeole ont nettement amélioré cette situation.

Le coin du curieux.

En médecine chinoise on conseille de mettre des tentures rouges aux fenêtres de la chambre d'un rougeoleux. Cette utilisation thérapeutique des couleurs est mieux connue depuis quelques années. Il a même été pratiqué des tests scientifiques qui montrent l'effet apaisant ou excitant de certaines couleurs. Les habits bleus pâles ou verts pâles des chirurgiens ont un effet relaxant. Le blanc pur a tendance à accentuer l'anxiété.

On tient compte de ces effets pour la publicité: la couleurs des instruments ménagers etc... mais aussi la couleur des médicaments classiques que vous absorbez parfois...

La couleur de vos vêtements a un effet sur votre moral et sur votre entourage, Vous l'avez sûrement constaté...

→ inflammation de la sphère ORL
→ yeux (Maladie des ...)
→ otites
→ respiratoire (Maladies de l'appareil...) CMG
→ vaccinations et homéopathie
→ états fébriles

RUBÉOLE

Circonstances de l'AMH

Elle peut se faire sans risque pour cette maladie éruptive bénigne dans ses formes habituelles qui évolue ainsi:

- incubation silencieuse 14 jours.
- invasion 1 jour avec maux de tête, pharyngite, courbatures
- éruption débutant à la face, ressemblant à la rougeole puis à la scarlatine, mais surtout accompagnée de gonflement des ganglions au niveau du cou, de la base de la nuque et sous le menton: ce qui n'existe pas dans ces deux maladies.
- guérison en 4 jours.
- contagion: 6 jours avant l'éruption, 8 jours après celle-ci.

Mon conseil en homéopathie

• dès le début: médicaments des ÉTATS FÉBRILES

- PHYTOLACCA 7ch: est à ajouter systématiquement car il reproduit à dose forte exactement le même tableau que les éruptions de rubéole et même des modifications de la formule sanguine identiques. (apparition de cellules appelées plasmocytes dans le sang.)

5 granules 3 fois par jour pendant toute la durée de la maladie.

Mon conseil médical

• consultez au cours d'une grossesse ou si des cas existent dans l'entourage d'une femme enceinte surtout dans les 4 premiers mois de la grossesse car ce virus peut provoquer des malformations. Ce risque est moins fréquent depuis la vaccination antirubéolique.

Le coin du curieux

Les baies de PHYTOLACCA absorbées accidentellement déclenchent des signes tellement semblables à cette maladie que ce cas est l'exemple typique pour vous faire comprendre l'utilisation de la loi de similitude (consultez la question/réponse à ce sujet page24).

→ ganglions
→ grossesse
→ vaccinations et homéopathie
→ états fébriles
→ inflammation de la sphère ORL

SAIGNEMENT DE NEZ (Epistaxis)

Circonstances de l'AMH

Elle se fera à l'occasion   - d'un traumatisme
                                        - d'un saignement spontané
                                        - d'un épisode fébrile

Mon conseil en homéopathie

- ARNICA 7ch et CHINA 7ch: 3 granules de chaque ensemble à répéter toutes les 10 minutes puis espacer en fonction de l'amélioration raccourcira la durée du **saignement** et aura un effet préventif pour les éventuelles crises suivantes (4 prises en tout).

- FERRUM PHOSPHORICUM 7ch; est le médicament anti-inflammatoire à choisir devant toute **inflammation ORL** débutante si elle s'accompagne d'un saignement de nez même minime.

5 granules toutes les 2 heures (4 prises en tout)

- KALI PHOSPHORICUM 7ch: est le traitement **préventif** pour ces adolescents longilignes, fatigables, à la mémoire fragile qui ont des saignements de nez spontanés sans traumatismes notamment la nuit.

5 granules au coucher pendant les périodes de surmenage.

• localement il est bon de mettre de la pommade HOMÉOPLASMINE® pour aider à la cicatrisation des muqueuses.

Mon conseil médical

• consultez si les troubles persistent ou se reproduisent trop fréquemment. Il peut s'agir d'une anomalie de la coagulation.

• Consultez si vous êtes sous traitement anticoagulant.

• Évitez de prendre de l'aspirine qui fait saigner plus facilement.

Le coin du curieux

Certains enfants saignent du nez après avoir fait des colères violentes et seulement dans ce cas. Cela traduit une anxiété profonde non exprimée verbalement.

→ traumatismes
→ croissance
→ états fébriles
→ surmenage, fatigue
→ TERRAIN +++

SCARLATINE

Circonstances de l'AMH

Cette maladie due à une bactérie, le streptocoque hémolytique, localisée dans la gorge et qui diffuse une toxine pouvant déclencher des complications au niveau des reins ou des articulations, *doit être traitée par la thérapeutique classique.*

L'AMH consiste seulement à prendre à titre de protection si vous êtes au contact d'un scarlatineux: BELLADONNA.

L'évolution est la suivante:

- incubation silencieuse 5 jours
- début brutal en 24 heures par un mal de gorge très douloureux souvent accompagné d'un vomissement.
- puis début de de l'éruption aux plis articulaires puis la face (sauf le nez, le tour de la bouche, le menton) puis la paroi de l'abdomen. Ce sont des plaques rouges parsemées d'un petit piqueté encore plus rouge.
- au bout de 6 jours la peau desquame, c'est-à-dire que la partie superficielle s'élimine sous forme de lambeaux surtout au niveau des mains (paumes et doigts) et de la plante des pieds.

Mon conseil en homéopathie

- BELLADONNA 7ch: à titre préventif en cas d'épidémie
10 granules au coucher pendant 10 jours

Mon conseil médical

• consultez un médecin qui, en principe, prescrira de la pénicilline.

• le traitement homéopathique de TERRAIN pourra dans les suites de cette maladie vous aider car il y a un terrain particulier sensible au streptocoque hémolytique. Sa réactivité peut être modifiée par l'homéopathie.

Le coin du curieux

Scarlatine vient de écarlate (=scarlatum en latin)

Comme la rougeole est plus grave chez les sujets de race noire, la scarlatine semble plus grave chez les anglo-saxons. Là encore nous retrouvons cette notion importante de sensibilité individuelle aux maladies.

→ maux de gorge
→ vomissements

SEINS (Maladie des...)

Circonstances de l'AMH

Elle peut se faire

pour atténuer les symptômes gênants du *syndrome prémenstruel* : (tension mammaire, gonflement abdominal et modification de l'humeur)
: pour prévenir les douleurs après un *traumatisme*.

Mon conseil en homéopathie

- BRYONIA 7ch et PHYTOLACCA 7ch; sont les médicaments qui soulageront le *syndrôme prémenstrue*l. Vous les prendrez de la façon suivante:

dès l'apparition de la tension mammaire:

5 granules au lever de BRYONIA
5 granules au coucher de PHYTOLACCA.

Ajoutez dans la journée le médicament que vous aurez choisi en fonction de vos signes dans la rubrique: anxiété ou irritabilité.

- BELLIS PERENNIS 7ch: si vous avez un *traumatisme du sein* permettra en plus de ARNICA de guérir un hématome éventuel et vous évitera des douleurs résiduelles.

5 granules 4 fois par jour.

Mon conseil médical

• De nombreuses affections des seins s'avèrent bénignes (adénomes, kystes, mastose).

+++ Cependant le risque de ne pas déceler à temps une lésion plus sérieuse est tel que toute automédication doit être interdite dès l'apparition d'une "boule" dans le sein.

Le coin du curieux

Ne vous inquiétez pas si vous avez un sein un peu plus gros que l'autre. C'est assez fréquent et dû à une différence de réceptivité aux hormones des tissus mammaires. On observe souvent ce cas au moment de la puberté quand la machinerie hormonale se met en route. Consultez au moindre doute mais dites-vous que vous n'êtes pas "anormale"...

→ ménopause et préménopause
→ traumatismes
→ opérations chirurgicales
→ TERRAIN +++

SEXUELS (Troubles...)

Circonstances de l'AMH

Elle n'est possible que pour tenter d'agir sur les facteurs déclenchant des difficultés sexuelles habituelles.

Celles-ci: *baisse de la **libido sexuelle**,* diminution du désir, difficulté d'*érection*, *éjaculation précoce*, absence d'appétit sexuel chez la femme ou de plaisir sont souvent liées au surmenage physique et psychologique.

Les causes mécaniques (vasculaires surtout) existent et si les troubles persistent ou s'aggravent malgré des traitements simples il est nécessaire de consulter un spécialiste.

De même l'***impuissance masculine*** tenace ou la ***frigidité*** justifient le recours à un avis spécialisé.

Mon conseil en homéopathie

• Consultez les rubriques: surmenage, fatigue, anxiété, irritabilité

- PHOSPHORIC ACIDUM 5ch est LE médicament qui sera de toute façon indispensable. Ajoutez-le aux autres qui seraient plus spécifiquement indiqués selon vos signes.

5 granules au coucher 15 jours de suite.

Mon conseil médical

• Bien que les troubles sexuels habituels soient dans la majorité des cas liés aux facteurs comportementaux il ne faut pas oublier qu'ils peuvent être le premier signe d'un ***diabète*** en train de s'installer.

Le coin du curieux

La sexualité est une façon de s'exprimer dans l'existence. Elle ne se réduit pas aux rapports génitaux. Quelle que soit le type d'éducation reçue elle fait partie intégrante du tempérament de chaque individu. C'est pourquoi il ne peut y avoir de normes, de statistiques qu'il faudrait absolument respecter sur le plan des "performances" sexuelles. Certains couples ont une sexualité épanouie avec un rapport sexuel par mois; d'autres avec trois par jour...

→ anxiété
→ irritabilité
→ surmenage, fatigue
→ cardio-vasculaires (Maladies...) CMG
→ TERRAIN +++

SINUSITES.

Circonstances del'AMH

Elle est possible dans les sinusites inflammatoires ou si les écoulements ou douleurs persistent après un traitement classique.

> Le traitement homéopathique de TERRAIN est indispensable pour les sinusites à répétition.

Mon conseil en homéopathie

• au stade de début: consultez la rubrique: Inflammation de la sphère ORL et selon les signes ajouter:

- KALI BICHROMICUM 7ch; si apparaissent des sécrétions épaisses, ayant tendance à **boucher les narines** et qui saignotent quand vous vous mouchez. Il existe un écoulement dans l'arrière de la gorge. Irritant, il entraîne souvent une petite toux sèche avec démangeaison au niveau du creux juste au-dessus du sternum.

5 granules 4 fois par jour pendant 48 heures puis 3 fois jusqu'à la fin des troubles

- KALI IODATUM 7ch; est indiqué quand il y a une sensation de pincement, d'**obstruction** à la racine du nez. Il y a dans ce cas beaucoup d'éternuements et l'écoulement quand il se produit est très irritant.

même mode d'emploi

- PULSATILLA 7ch: l'écoulement est **épais, jaune, non irritant**. Il s'aggrave à la chaleur dans une pièce et s'améliore très vite au contact de l'air frais. Parfois il y a une baisse ou une perte temporaire de l'odorat.

5 granules 3 fois par jour.
ne jamais l'utiliser s'il existe une douleur d'oreille.

- SULFUR IODATUM 9CH: est à ajouter systématiquement à l'un de ces 3 médicaments pour terminer les troubles. Il a la propriété de "nettoyer" les muqueuses.

10 granules au coucher 3 jours de suite.

Mon conseil médical

• consultez pour toute sinusite qui ne s'améliore pas en 48 heures malgré un traitement simple ou bien s'il existe des signes généraux: fièvre, frissons, maux de tête avec troubles visuels.

Le coin du curieux

Il existe une fréquente relation entre les troubles des sinus et le fonctionnement de la vésicule biliaire.

Les douleurs sont dans ces cas liées à des phénomènes de ralentissement de la circulation veineuse au niveau des muqueuses qui "tapissent" la paroi des sinus.

C'est un fait connu en médecine chinoise depuis longtemps. il est de plus à remarquer que les maladies des sinus sont très souvent nettement améliorées pour les personnes qui font des cures thermales destinées à soigner le tube digestif (comme VICHY en France).

→ inflammation de la sphère ORL
→ rhumes
→ TERRAIN +++

SOMMEIL (Troubles du...)

INSOMNIES

Circonstances de l'AMH: possible pour les *insomnies passagères*.

• vous connaissez hélas sa définition: diminution ou absence de sommeil. Sachez que la quantité de sommeil nécessaire est très variable d'une personne à l'autre de 5 à 10 heures selon les cas.

Essayez d'abord d'agir sur des éléments de bon sens: éviter les excès alimentaires au souper, les excitants, les activités physiques intenses.

Le mécanisme du sommeil normal comporte des rythmes de 1 heure 1/2. Si vous sautez le moment de l'enclenchement de l'une de ces phases ne vous énervez pas et attendez le prochain en vous détendant: bain, relaxation, yoga, lecture de mon livre...

Mon conseil en homéopathie

> • vous choisirez le médicament en fonction des causes et du caractère de votre insomnie, 5 granules 1/2 heure avant le coucher à répéter si vous vous réveillez dans la nuit. Pas de risque de somnolence.

• suite d'excès alimentaire, sommeil de chat, *superficiel*, réveil de très mauvaise humeur...de chien...: COLUBRINA 7ch.

• suite de fatigue physique avec sensation de *raideur musculaire* vous obligeant à bouger ce qui vous calme: RHUS TOXICODENDRON 7ch

• suite de chagrins, de *contrariétés*: IAMARA 7ch

• suite de soucis pour l'avenir avec *sueurs* d'anxiété: GELSEMIUM 7 CH

• suite de surmenage intellectuel avec impossibilité de vous endormir dès que vous êtes au lit bien que vous ayiez *très sommeil*: VALERIANA 7ch

Mon conseil médical

> • consultez si votre insomnie persiste malgré ces indications simples ou si elle s'accompagne de perte de poids. C'est parfois le premier signe d'une dépression nerveuse.

• Évitez au maximum de consommer somnifères et tranquillisants qui entraînent tous une acccoutumance, des troubles de la mémoire et une diminution de la libido qui accentuent souvent l'anxiété...

Le coin du curieux: savez-vous que:

"Tomber dans les bras de Morphée" rappelle que Morphée était le dieu grec des rêves. La morphine lui doit son nom. Votre cerveau secrète des substances naturelles qui agissent comme de la morphine. Ce sont des endorphines à propos desquelles deux savants québécois viennent de faire des découvertes très importantes sur le plan scientifique.

Vous constatez que votre corps possède ce qui est nécessaire pour votre sommeil. Stimulez donc ce qui vous appartient. L'homéopathie renforce cette stimulation.

→ anxiété
→ irritabilité
→ dépression nerveuse
→ surmenage, fatigue

HYPERSOMNIES

Ce trouble très particulier consiste en une **envie irrésistible de dormir** qui peut vous prendre n'importe où et n'importe quand. Il s'agit d'un dérèglement du mécanisme de l'enclenchement du sommeil. Consultez s'il est net. En attendant vous pouvez prendre:

- NUX MOSCHATA 7ch: 5 granules au moment des troubles à répéter 1/2 heure après si besoin.

SPASMOPHILIE

Circonstances de l'AMH

Elles est souvent utile pour soulager les nombreuses manifestations gênantes mais sans gravité qui composent ce Terrain spasmophile.

En effet la spasmophilie n'est pas une maladie mais une façon de réagir de certains organismes en situation de stress physique ou psychologique.

Elle correspond **biologiquement** à un trouble de l'assimilation et de l'utilisation du magnésium et du calcium chez les sujets qui ont en même temps un **comportement psychologique** particulier: désir de perfection, volonté d'avoir de soi une image idéale, difficulté à se faire aider.

Elle se traduit par des spasmes à différents niveaux des sensations de fourmillement, d'engourdissements et des crises d'anxiété.

Mon conseil en homéopathie

• le traitement de TERRAIN par homéopathie est irremplaçable dans ces cas. Les troubles de spasmophilie persistants veulent dire "Attention, tu as dépassé les limites de ce que ton organisme est capable de supporter normalement sur les plans physique ET psychologique. Il va falloir changer de rythme…"

- MOSCHUS 7CH: dont vous trouverez la description à la rubrique ANXIÉTÉ est LE médicament régulateur de nombre de ces manifestations. Il faut l'avoir dans votre poche et en prendre 5 granules dès que vous sentez la moindre manifestation physique d'une crise: paupières qui sautent ou muscles du visage qui tressaillent, sensation de fourmis d'engourdissement des extrémités, impression que vous allez perdre le contrôle. Répétez-le 1/4 heure après si besoin. Il n'y a aucun risque d'accoutumance, ni de somnolence.

• bien sûr il est possible que votre cas particulier corresponde à un autre médicament de la rubrique. Utilisez-le alors de la même façon.

- une très ancienne spécialité homéopathique le BIOMAG® agit comme un régulateur général de la fatigue chez les spasmophiles. Il est possible de l'ajouter à un traitement plus spécifique: 2 comprimés au lever et souper par cure de 15 jours.

Mon conseil médical

Tous les troubles que je viens de vous décrire peuvent exister même si vous avez une quantité suffisante de sels minéraux (calcium, magnésium,phosphore) dans le corps. Ils sont alors dûs à une mauvaise répartition de ces éléments dans les différents secteurs cellulaires. Il se produit comme des "courts-circuits" dans la transmission de l'influx nerveux.

Quand les dosages sanguins montrent une insuffisance en quantité de ces sels minéraux, il faut en ajouter à doses classiques. Cela ne suffit pas toujours à améliorer les troubles tant que l'on ne soigne pas le TERRAIN grâce à l'homéopathie. On parle dans ces cas de *tétanie.*

Le coin du curieux

La spasmophilie, état qui correspond à un comportement particulier avec une certaine rigidité psychologique a reçu des appellations imagées par les médecins:

- maladie douloureuse des insertions tendineuses…
- syndrome polyalgique diffus

mais aussi ce qui est moins "scientifique" mais plus proche de la vie courante:

- maladie de la "femme idéale" ou de la femme aux "tiroirs propres" rappelant ainsi le constant désir de perfection du spasmophile… Certains hommes présentent bien sûr ce même type de comportement.

→ anxiété
→ irritabilité
→ fourmillements, engordissements
→ musculaires (Douleurs…)
→ surmenage.fatigue
→ TERRAIN +++

SURMENAGE / FATIGUE

Circonstances de l'AMH

Elle est très fréquente quelles que soient les raisons du surmenage: :

- physique (efforts inhabituels, sports, accouchement, *convalescence de maladie*)

- intellectuel : préparation d'examens, travail d'adaptation dans de nouvelles activités, efforts de concentration intenses.

- émotionnel : soucis, contrariétés, chagrins.

Mon conseil en homéopathie

• fatigue physique

- RHUS TOXICODENDRON 7 ch : douleurs péri-articulaires aggravées par l'immobilité, **améliorées en bougeant**, avec souvent impatiences dans les jambes empêchant le sommeil. Nette aggravation par l'humidité.

5 granules 3 fois par jour

- ARNICA 7 ch : douleurs des masses musculaires spontanément et à la pression. Sensation de **meurtrissure** de "bleus", insomnie avec sensation de lit trop dur.

5 granules 3 fois par jour

- CHINA 7 ch : suite d'accouchement ou d'interventions chirurgicales ou de **pertes liquidiennes** abondantes (diarrhées, hémorragies). Transpiration au moindre effort. Ballonnements digestifs. Tendance à la diarrhée.

5 granules 3 fois par jour

- fatigue intellectuelle

  - KALI PHOSPHORICUM 7 ch : perte de **mémoire**, difficulté d'attention. Maux de tête à la nuque. Amélioration en mangeant.

  5 granules 3 fois par jour

  - SILICEA 9 ch : est à ajouter systématiquement dans ce cas surtout s'il s'y ajoute une **perte de confiance en soi.**

  10 granules au coucher un soir sur deux pendant 15 jours

  - CUPRUM 7 ch : insomnie avec **crampes** des mollets après effort de mémoire intense.

  5 granules au coucher et en cas de crampes

- fatigue émotionnelle

  - IAMARA 7 ch : avec spasmes à l'estomac, anxiété, sensation de "**boule**" à la gorge, palpitations

  5 granules au moment des troubles à répéter 1/2 heure après si besoin

  - CHAMOMILLA 15 ch : avec irritabilité, **agacement**, aggravation par le bruit, le vent, les temps orageux, amélioration par le mouvement et l'exercice

  même mode d'emploi

- GELSEMIUM 7 ch : avec tremblements, faiblesse (jambes coupées) *trac* à l'occasion de confrontation avec des situations nouvelles (changement de responsabilités, déménagement, examens, artistes)

même mode d'emploi

- PHOSPHORIC ACIDUM 5 ch : quand la **tendance à l'isolement** prédomine. Douleurs de la colonne vertébrale. Fatigabilité intense avec peur de la sexualité dans ces périodes.

même mode d'emploi

Un médicament domine tout ce tableau quand s'associent : surmenage physique et intellectuel avec besoin d'excitants et excès alimentaires et alcooliques pour "tenir le coup" Tous ces troubles sont très nettement mais temporairement améliorés par une courte sieste de 5 minutes à 1/4 d'heure, pas plus.

COLUBRINA 7 ch : 5 granules 3 fois par jour et en cas de besoin au moment le plus difficile de la journée.

Mon conseil médical

•Consultez dans les cas suivants :

- fatigue persistante avec amaigrissement et anémie
- *pâleur*, soif vive, fringales, sueurs nocturnes
- variation de température, gonflement articulaire
- toux récente ou troubles digestifs chroniques.

• Un état dépressif réactionnel peut commencer par un tableau de fatigue générale. Dans ces cas les troubles persistent malgré le repos, le sujet déclare ne pas se sentir malade alors que son entourage constate qu'il va moins bien. Un petit signe évocateur : les pleurs faciles...

• Un *diabète* peut commencer par tous ces signes auxquels s'ajoute souvent de l'impuissance sexuelle. Le traitement du *diabète* de l'enfant ou de l'adulte jeune n'est pas du ressort de l'homéopathie.

et une tendance à faire des petits *abcès* qui ne guérissent pas.

Le coin du curieux

Il est évident que toute situation de surmenage prolongée doit amener à se poser des questions sur son rythme de vie.

Il faut souvent modifier des habitudes alimentaires (excès de sucre qui donne du tonus rapidement mais est toujours suivi d'une **hypoglycémie** : cause de coup de "pompe") (abus d'excitants).

Changer certaines priorités, réfléchir à ce qui peut être négocié dans l'emploi du temps, tout celà fait partie du traitement.
Il faut envisager de changer de "régime" or régime vient de regere en latin et veut dire : se diriger...

→ anxiété
→ irritabilité
→ insomnies
→ musculaires (Douleurs...)
→ spasmophilie
→ mémoire
→ grossesse
→ accouchement
→ opérations chirurgicales
→ TERRAIN +++

TABAC ET HOMÉOPATHIE

Si vous fumez par plaisir vous ne vous poserez pas la question de savoir comment vous arrêter car cela sera très facile dès que vous l'aurez décidé.

Si vous fumez parce que vous ne pouvez vous en passer vous êtes en état de dépendance. Cela pose plusieurs questions pour lesquelles l'homéopathie peut vous aider à prendre les bonnes décisions pour vous et atténuer certains désagréments qui accompagnent, croyez-vous, l'arrêt du tabac.

J'écris, croyez-vous, car les *idées fausses* sont nombreuses:

- Arrêter d'un seul coup c'est dangereux : faux si vous le décidez vraiment.

- Cela fait grossir : faux. On grossit parce que l'appétit est meilleur et les aliments et vitamines mieux assimilés. C'est pourquoi il faut boire beaucoup d'eau qui, de plus, élimine la nicotine.

- Les non-fumeurs ont aussi des maladies circulatoires ou pulmonaires. Oui mais 30 fois moins que les fumeurs excessifs.

- Je n'ai pas de volonté. Faux : mais vous ne voulez pas l'utiliser pour ce cas particulier.

- Je ne peux pas m'arrêter. Faux : vous vous arrêtez au cinéma (2 heures), dans l'avion (parfois 7/8 heures si vous traversez l'Atlantique) etc...

Mon conseil en homéopathie

- TABACUM 7 ch: peut vous aider en favorisant l'élimination de la nicotine de votre corps. Ceci modifie le mécanisme du besoin au moment de la désaccoutumance.

5 granules 3 fois par jour.

• Consultez les rubriques Anxiété et Irritabilité : vous allez y trouver les médicaments correspondant aux circonstances qui vous poussent à fumer "bêtement"...

> • Suivez un traitement homéopathique de votre TERRAIN. C'est un problème d'ensemble de votre organisme : physique et comportemental. Cela vous concerne, c'est votre responsabilité.

Le plus dur est que vous ne recevrez pas une belle médaille si vous réussissez... Ce sont les milliards de cellules de votre corps qui vous diront merci pour cette bouffée d'oxygène...

Le coin du curieux

Il est amusant de noter que le mot : mégot vient d'un vieux verbe de Touraine : mégauder qui voulait dire : téter.

Le mégaud était le liquide qui sortait du moule à fromage et que l'on appellait également "petit-lait"

De là à penser que sucer sa cigarette, son cigare ou sa pipe est une réminiscence de l'enfance... il n'y a qu'un pas que vous franchirez ou non...

→ anxiété
→ irritabilité
→ cardio-vasculaire (CMG)
→ respiratoire (CMG)
→ toux
→ TERRAIN +++

THORAX (Douleurs du...)

Circonstances de l'AMH

Elle est possible pour calmer les douleurs suite de

- traumatismes
- éruption cutanée : zona
- rhumatismes : névralgies intercostales.

Mon conseil en homéoptahie

- ARNICA 7 ch : voir **traumatismes**

- ARSENIC ALBUM 7 ch : après un **zona** quand les douleurs sont brûlantes améliorées par les applications chaudes localement et aggravées la nuit surtout entre minuit et 3 heures a.m.

5 granules 3 fois par jour.

- HYPERICUM 15 ch : douleurs de **névralgies** intercostales aggravées par les changements de climat.

5 granules au moment des crises à répéter 1/2 heure après si besoin

- RUTA 7 ch : douleur des **articulations** entre les côtes et le sternum, sensibles au toucher.

5 granules 3 fois par jour

- KALI CARBONICUM 7 ch : douleurs **intercostales** surtout à la base du thorax avec sensation de coups de canif, douleurs lançantes.

5 granules 3 fois par jour

Mon conseil médical

• Consultez d'urgence si douleurs avec

- sensation de serrement *thoracique* pendant ou après effort : risque d'**angine**, d'**infarctus du myocarde** ou
- sensation douloureuse à la fin de l'inspiration profonde : risque de **péricardite** ou
- oppression respiratoire brutale (risque de **pneumothorax** par irruption d'air dans la plèvre : cavité qui entoure le poumon ou d'**embolie pulmonaire** par un caillot sanguin).

Le coin du curieux

Au niveau des zones douloureuses de KALI CARBONICUM apparaît souvent une transpiration localisée. Un autre petit signe homéopathique curieux de ce médicament : une oreille devient rouge et chaude pendant que l'autre devient blanche et froide... Il n'y a pas d'explication scientifique de ce phénomène. J'ai seulement observé qu'il était fréquent chez les adolescents qui ont des bronchites à répétition...

→ traumatismes
→ zonas
→ névralgies
→ rhumatismes (CMG)
→ cardio-vasculaire (Maladies de l'appareil...) CMG
→ respiratoire (Maladies de l'appareil...) CMG

TOUX

Circonstances de l'AMH

Elle peut être utile pour calmer un certain nombre de toux soit d'emblée, en première intention, soit parce que celle-ci persiste malgré les médicaments classiques habituels ce qui est relativement fréquent à la fin des **bronchites.**

Mon conseil en homéopathie

Vous choisirez le médicament selon le petit guide ci-dessous et le prendrez : 5 granules à répéter 1/2 heure après (4 prises en tout) puis 5 granules, une fois seulement si les signes reviennent.

- **selon les circonstances d'apparition**

    -ACONIT 7 ch : suite de froid sec, de vent froid

    - GELSEMIUM 7 ch : suite de froid humide

    - IAMARA 7 ch : suite de choc émotionnel

- **selon les caractéristiques de la toux**

- **sèche** sans rejet de mucosités : c'est souvent une **trachéite**.

    - STICTA PULMONARIA 7 ch et BRYONIA 7 ch : chatouillement laryngé, aggravé par la chaleur. C'est la toux des gens au cinéma ou dans une salle de spectable...

    5 granules de chaque ensemble

    - RUMEX 7 ch : picotement dans le petit creux au-dessus du sternum. Aggravation par le moindre air froid, en parlant en buvant, en mangeant. C'est la toux du "fumeur".

    - ARUM TRIPHYLLUM 7 ch : avec douleur du cartilage du larynx (la pomme d'Adam) et voix cassée.

• **rauque** : c'est souvent une *laryngite.*

- SPONGIA 7 ch : toux caverneuse, creuse, comme si on sciait une planche de sapin...

Si il s'y ajoute une extinction de la voix il faut consulter rapidement un médecin

• **grasse sans rejet de mucosités**

- DROSERA 7 ch : spasmes, aggravation la nuit (surtout après minuit) et par la chaleur.

- CORALLIUM RUBRUM 7 ch : toux rocailleuse par trois coups à la fois. Enfant porteur de grosses *végétations adénoides.* qu'il faut parfois opérer si elles sont très volumineuses avec otites sévères et *baisse de l'audition.*

• **grasse** avec rejet de mucosités ou vomissement : c'est souvent une *bronchite.*

- DROSERA 7 ch : rejet à la fin de la quinte et amélioration immédiate. Toux coqueluchoide ou de bronchite asthmatiforme.

- IPECA 7 ch : salivation abondante, nausées en toussant, pâleur.

- COCCUS CACTI 7 ch : mucosités blanches, filantes, difficiles à détacher, comme de la "bave d'escargot"...

Attention : le mode d'emploi change pour les deux médicaments suivants :

- PULSATILLA 7 ch : sécrétions jaunes, non irritantes, avec écoulement nasal du même aspect. Aggravation de tous les signes par la chaleur, amélioration par l'air frais. Fréquemment indiqué en fin de rhume.

ATTENTION : 5 granules 3 fois par jour (pas plus). Ne pas l'utiliser si douleurs d'oreilles.

- KALI BICHROMICUM 7 ch : sécrétions verdâtres avec écoulement nasal de même aspect et croûtes dans le nez.

5 granules 3 fois par jour

A titre symptômatique sachez qu'il existe des sirops homéopathiques utiles pour adoucir momentanément : STODAL® et DROSETUX®.

Mon conseil médical

• consultez la rubrique maladies de l'appareil respiratoire.

• la toux est un symptôme. Pour la guérir complètement il faut en trouver la cause. Donc si l'amélioration n'est pas nette et rapide avec les médicaments indiqués il faut faire un bilan médical complet.

Le coin du curieux

Il existe parfois de curieuses petites "épidémies" de toux sans raison apparente chez les enfants. Elles surviennent à la suite de réprimande scolaire que l'enfant vit comme injuste. Le médicament est DROSERA...

→ Respiratoire (Maladies de l'appareil...) CMG
→ voix (Troubles de la...)
→ coqueluche
→ asthme
→ tabac et homéopathie
→ TERRAIN +++

TRANSPORTS (Mal des...)

Circonstances de l'AMH

Elle est d'indication très fréquente et permet de constater l'efficacité des médicaments homéopathiques qui ont le grand avantage de ne pas entraîner de somnolence.

Mon conseil en homéopathie

- TABACUM 7 ch : beaucoup de nausées, sueurs froides sur tout le corps, **besoin d'air frais** qui améliore les troubles.

- COCCULUS 7 ch : beaucoup de **vertiges**, besoin de s'allonger à l'abri de l'air. Dans un bateau TABACUM est sur le pont COCCULUS dans la cale...

- VERATRUM ALBUM 7 ch : **sueur froide** très caractéristique au niveau du front, tendance à la diarrhée, pas de vertiges.

- IPECA 7 ch : nausées avec **beaucoup de salivation** et surtout persistance des troubles après l'arrivée au terme du voyage pendant plusieurs heures alors qu'habituellement ils se calment rapidement après l'arrêt du mouvement.

> Le mode d'eploi est le même pour les 4 médicaments : 5 granules, à répéter 1/2 heure après, dès l'apparition des signes et espacer en fonction de l'amélioration.

Si l'un de ces médicaments vous calme vite prenez-le à titre préventif une heure avant le départ : 10 granules. Ceci ne vous empêche pas de le prendre au moindre signe mais progressivement les troubles seront moins fréquents, moins intenses et guériront plus vite.

Une spécialité homéopathique : la COCCULINE® est également efficace. Elle se présente sous formes de comprimés contenant : COCCULUS / COLUBRINA / TABACUM et PETROLEUM.

- 2 comprimés la veille du voyage, une heure avant le départ et toutes les 2 heures si besoin pendant celui-ci.

Mon conseil médical

• consultez en cas de troubles importants ou récidivants : ils peuvent être dus   - à une anomalie de l'oreille interne
                    - à des troubles vésiculaires.

Le coin du curieux

Il est fréquent que le mal des transports soit l'occasion du premier contact avec l'homéopathie : témoin cette réflexion d'un de mes anciens patients "Je viens vous voir pour moi parce que l'homéopathie empêche mon chien d'être malade en voiture."...

→ maux de tête
→ diarrhées
→ vertiges
→ vomissements
→ digestif (Maladies de l'appareil...) CMG

TRAUMATISMES

Circonstances de l'AMH

• elle sera très fréquente car toujours utile quelque soit la nature du traumatisme.

Mon conseil en homéopathie

DANS TOUS LES CAS = UN RÉFLEXE

- ARNICA 7 ch : 5 granules toutes les 1/2 heures puis espacer à toutes les heures puis toutes les 2 heures en fonction de l'amélioration.

Si le choc est important ajouter une dose-globules entière de ARNICA 15 ch. que je vous conseille d'avoir toujours sous la main pour vous ou ceux qui vous entourent.

Ceci permet :

1. d'attendre le diagnostic radiologique si nécessaire

2. de favoriser la résorption des **hématomes** (les bleus) qui existent dans tout traumatisme même minime.

3. de prévenir ou d'atténuer les effets du choc général en cas de traumatisme important en association avec le traitement classique.

• localement mettez de la pommade ARNICA, sauf s'il y a une plaie.

SELON LES CAS :

• traumatisme opératoire voir rubrique opérations.

• traumatisme crânien :

- NATRUM SULFURICUM 7 ch : peut améliorer les **séquelles** fréquentes de sensation de vertiges et de sentiment dépressif qui accompagne ces troubles.

5 granules matin et soir

- **Fêlures** ou **fractures** avec le traitement classique bien sûr :

  - CALCAREA PHOSPHORICA 7 ch : accélère la consolidation
  5 granules matin et soir

- traumatismes des articulations : **entorses, foulures, luxations:**

  - RHUS TOXICODENDRON 7 ch : douleurs aggravées par le repos et améliorées par le mouvement. Il faut "dérouiller" l'articulation.
  5 granules 3 fois par jour

- si **épanchement** dans une articulation (**hydarthrose, synovite**) prendre en plus de la ponction si elle est nécessaire :

  - APIS 7 ch et BRYONIA 7 ch :
  5 granules de chaque ensemble 4 fois par jour

- traumatisme des **organes génitaux ou des seins:**

  - BELLIS PERENNIS 7 ch :
  5 granules 3 fois par jour

- traumatisme du **globe oculaire** (balle de tennis,de squash, de golf ou autre...) vérifier systématiquement l'état ophtalmologique par un spécialiste et prendre :

  - LEDUM PALUSTRE 7 ch :
  5 granules 3 fois par jour

Dans la pratique prenez systématiquement ARNICA et 1/2 heure après l'un de ces médicaments ci-dessus choisi en fonction des circonstances.

Mon conseil médical : consultez si :

- le traumatisme a été accompagné ou suivi d'une perte de connaissance même très brève ou de troubles de la conscience même légers (envie de dormir, trou de mémoire, sensation de déséquilibre, d'insécurité.)

• au moment du traumatisme vous avez ressenti une envie de vomir, et que la douleur est très localisée avec difficulté de bouger volontairement le membre atteint (impossibilité de lever le coude, de plier un doigt, une cheville ou de décoller le talon du sol)

• la douleur est apparue après un effort de marche ou de jogging ou de randonnée cycliste. Il est de plus en plus fréquent de voir des "*fractures de fatigue*". N'hésitez pas à faire une radiographie.

Le coin du curieux

ARNICA est une plante qui pousse dans les montagnes. En France elle est appelée le tabac des Savoyards (habitants de la Savoie) car ces montagnards fumaient ses feuilles. Celles-ci sont porteuses de particules qui font éternuer : le nom de la plante vient de là : PTARNICA en latin.

→ opérations
→ plaies
→ yeux (Maladies des...)

Voies URINAIRES et GÉNITALES de la femme (Maladies des...)

Circonstantes de l'AMH

Les consignes de prudence pour l'AMH sont les même que pour l'homme sur les plans urinaire et génital.

L'AMH ne peut se faire que dans les cas suivants :

• en complément du traitement classique dans les infections vaginales persistantes : *leucorrhées, pertes blanches* (=*vaginites*)

• pour les *douleurs pendant les règles* notamment chez la jeune fille à la puberté.

Il faut par contre signaler le grand intérêt du traitement homéopathique de TERRAIN dans toutes les *infections urinaires* et *génitales chroniques* de la femme et pour la tendance à faire des *fibromes utérins* et des *kystes des ovaires*, ainsi que pour la prédisposition au *prolapsus* (=descente d'organes). Ceci est bien sûr utile en dehors des cas qui justifient des interventions chirurgicales.

Mon conseil en homéopathie

- KALI IODATUM 7 ch et MERCURIUS SOLUBILIS 7 ch : complèteront l'action des traitements de toutes les *infections* vaginales persistantes.

5 granules de chaque ensemble matin et soir pendant les crises.

- COLOCYNTHIS 7 ch : calmera les *douleurs* de règles ressemblant à des crampes, améliorées quand on est pliée en deux en appuyant fortement sur la région douloureuse.

5 granules à répéter 1/2 heure après (4 prises en tout)

- CUPRUM METALLICUM 7 ch : correspondra au même type de douleurs mais celles-ci s'accompagnent de **crampes** dans les mollets.

même mode d'emploi que Colocynthis

Ces deux médicaments sont les plus souvent indiqués dans la **DYSMENORRHÉE** (= douleurs pendant les règles)

Mon conseil médical

• même conseils que pour les voies urinaires de l'homme

• consultez au moindre saignement entre la période des règles ou après que la ménopause se soit installée.

Le coin du curieux

La tradition populaire qui pense que de nombreuses crises de *"cystites"* sont dues au fait d'avoir eu les pieds mouillés a vraisemblablement une part de vérité.

En réalité il peut se déclencher un phénomène congestif réflexe de la vessie à cette occasion. L'état inflammatoire ainsi établi peut alors favoriser une infection vraie.

La médecine chinoise connaît cette action du froid sur les voies urinaires et en donne une explication énergétique qui rejoint peut-être les sages observations de nos grands-mères...

→ ménopause et préménopause
→ seins (Maladies des...)
→ abdominales (Douleurs.)
→ sexuels (Troubles...)
→ TERRAIN +++

Voies URINAIRES et GÉNITALES de l'homme (Maladies des...)

Circonstances de l'AMH

Dans les cas de douleurs, fièvre même légère, frissons, écoulements même non irritants, de gêne urinaire l'*automédication qu'elle soit homéopathique ou non est formellement contre-indiquée*

Le diagnostic de la cause est indispensable pour choisir le traitement approprié. Les examens des urines et de sécrétions, les examens sanguins apporteront la réponse.

L'AMH peut être utile dans les circonstances suivantes :

• douleurs persistantes après guérison de l'infection. Il s'agit souvent de névralgies au niveau des **cordons spermatiques** après une inflammation des testicules (**orchite** ou **epididymite**).

• douleurs du conduit de l'urètre après **sondage.**

• douleurs post-opératoires en cas de **vasectomie.**

• **écoulements chroniques** malgré un traitement antibiotique bien conduit.

Mon conseil en homéopathie

- RHODODENDRON 7 ch : calme les **douleurs des cordons** spermatiques au niveau de la racine de la verge quand elles donnent une sensation d'écrasement, de serrement. Elles sont souvent déclenchées ou aggravées par les temps orageux.

5 granules 4 fois par jour en crise

- HAMAMELIS 7 ch : les douleurs sont au même niveau mais elles sont accompagnées de **transpiration locale** abondante dans le pli des aines. Elles ne sont pas sensibles aux changements climatiques.

5 granules 4 fois par jour en crise

- STAPHYSAGRIA 7 ch : calme les douleurs persistante après qu'il y ait eu des **sondages urinaires** fréquents ou la pose d'une sonde à demeure lors d'une intervention chirurgicale. La douleur est une sensation de cuisson qui s'accentue juste avant d'uriner, se calme pendant la miction et reprend immédiatement après.

5 granules au moment de la douleur à répéter 1/2 heure après si besoin.

Ce même médicament soulage les douleurs qui peuvent persister au niveau local après une **vasectomie** (section des cordons spermatiques le plus souvent faite dans un but de stérilisation) voir rubrique : plaies.

-PULSATILLA 7 ch: peut permettre de tarir un **écoulement chronique** au niveau génital si la sécrétion est jaune, non irritante et persiste après un épisode aigu traité classiquement.

5 granules matin et soir

Mon conseil médical

• consultez en cas de troubles accompagnés de frissons, de fièvre, de maux de tête, de fatigue, de sang (même "une goutte") dans les urines ou les sécrétions.

• Les infections urinaires et génitales à répétition sont l'indication d'un traitement homéopathique de TERRAIN qui est souvent long (6 mois à un an) mais apporte des résultats que l'on n'obtient pas autrement. C'est important car le retentissement de ces infections sur l'état général et le moral est souvent source de dépression grave.

> Le fait de suivre un traitement homéopathique de TERRAIN n'empêche nullement de traiter les crises par un traitement classique s'il est indiqué.

• ce même traitement homéopathique de TERRAIN peut ralentir l'*usure normale de la* **prostate** et soulager ses troubles.

Le coin du curieux

Les artères, veines et nerfs qui nourrissent et commandent la région génitale chez l'homme comme chez la femme sont regroupés sous le terme de système HONTEUX interne...

Le vieux français décrit les organes génitaux comme les organes HONTEUX... Ces désignations sans appel expliquent peut-être les sommes importantes dépensées chez les psychanalystes depuis quelques années... par tous ceux qui ont des difficultés à concevoir que la sexualité ce n'est pas forcément "honteux"...

→ opérations chirurgicales
→ plaies
→ traumatismes
→ lithiases
→ névralgies
→ oreillons
→ sexuels (Troubles...)
→ TERRAIN +++

VACCINATIONS ET HOMÉOPATHIE

Il n'y a pas de vaccinations homéopathiques dans le sens scientifique du terme, c'est-à-dire, avec élévation du taux des anticorps sanguins contre la maladie après la vaccination.

Aucune étude épidémiologique ou immunologique ne permet d'affirmer le contraire.

En homéopathie on utilise des dilutions infinitésimales de vaccin dans le but de diminuer les inconvénients du vaccin pour certains sujets ou dans un but préventif dans le cas de la grippe.

Le traitement homéopathique ne contre-indique en aucun cas les vaccinations nécessaires.

Nous savons cependant que certains enfants font plus facilement que d'autres des réactions après des vaccinations : c'est un problème de TERRAIN pour lequel l'homéopathie peut apporter des réponses intéressantes.

La connaissance du TERRAIN homéopathique permettra de choisir le moment idéal pour pratiquer la vaccination indispensable.

Vous avez le droit d'être opposé aux vaccinations systématiques. C'est un problème de responsabilité personnelle mais aussi collective. Ce n'est pas un problème lié à l'homéopathie.

Une anecdote amusante : JENNER le médecin anglais qui inventa le vaccin anti-variolique en 1796 reçut de nombreuses distinctions.

Il fut admis à l'Académie des Sciences en Angleterre pour ses travaux sur ? la variole ? non le Coucou car il était aussi un spécialiste renommé de l'étude des oiseaux.

VARICELLE

Circonstances de l'AMH

Elle est possible pour les formes habituelles de cette maladie pour laquelle il faut surtout éviter le grattage et les cicatrices disgracieuses qui en résultent.

Due à un virus du groupe Herpès qui est le même que celui du zona, elle évolue de la façon suivante :

- incubation silencieuse 14 jours, invasion 1 jour avec état fébrile
- éruption de vésicules comme des "gouttes de rosée" posées sur une base rouge. Elles se dessèchent en quelques jours après deux ou trois poussées.
- contagion : dès l'invasion jusqu'au 7ème jour de l'éruption.

Mon conseil en homéopathie

• au début : *médicaments des ÉTATS FÉBRILES*

- RHUS TOXICODENDRON 7 ch : est à ajouter dès l'apparition des vésicules.

5 granules 4 fois par jour pendant toute la durée de l'éruption

- ANTIMONIUM TARTARICUM 7 ch : si les croûtes sont plus épaisses, les vésicules volumineuses, les démangeausons aggravées la nuit ou par la chaleur.

5 granules 4 fois par jour pendant toute la durée de l'éruption.

localement pour calmer les démangeaisons utilisez du TALC adoucissant au Calendula Ligne Verte®.

Sur les boutons qui grattent le plus vous pouvez appliquer avec un coton-tige un peu de mercurochrome. C'est une utilisation homéopathique du mercure.

Mon conseil médical

• Consultez si:

- varicelle chez un adulte (les maladies, dites infantiles
  sont toujours plus graves chez un adulte)
- vous suivez un traitement à base de cortisone
- vous êtes en contact avec un eczémateux : risque d'extension
  généralisée de cette éruption de varicelle
- apparition de sang dans les boutons
- persistance de fièvre après la sortie de l'éruption.

Le coin du curieux

Un petit truc simple pour limiter les lésions de grattage: couper les ongles très courts...

Autres produits qui peuvent calmer les démangeaisons : la vitamine E localement, des compresses imbibées de lait, des pulvérisations d'eau minérale comme celles que l'on utilise pour les soins du visage...

Surtout ne mettez JAMAIS de pommade ou de crème à base de cortisone.

→ états fébriles
→ herpès
→ zonas
→ peau (Maladies de la...) CMG

VARICES

Circonstances de l'AMH

Les varices étant liées à des facteurs mécaniques souvent hérédi-taires, l'AMH sera utile *pour atténuer* la gêne qu'elles procurent (**lourdeur des jambes**, fourmillements, engourdissements, cram-pes, impatiences) *pour ralentir* leur évoution.

Dans ces cas l'adjonction du traitement homéopathique de TER-RAIN est indispensable car les varices font partie d'une prédisposition constitutionnelle où l'on retrouve : troubles des ligaments, ptoses (descentes) d'organes et autres toubles de la circulation veineuse.

Mon conseil en homéopathie

- CALCAREA FLUORICA 7 ch : Contient du fluor et agit en améliorant le **tonus** de la paroi veineuse

5 granules au lever 20 jours par mois

- HAMAMELIS 7 ch : est indiqué quand la varice devient **sensible** au toucher et que des petits capillaires se rompent spontané-ment au niveau des doigts ou des cuisses

5 granules 3 fois par jour dans ces périodes

- AESCULUS 5 ch : les douleurs sont des sensations de battement, de picotement comme des **aiguilles**. Il n'y a pas de tendance aux ruptures capillaires. Souvent des hémorroïdes accompa-gnent ces troubles.

5 granules 3 fois par jour dans ces périodes

- localement massez légèrement avec de la pommade PHLÉBOGÉNINE® qui contient les plantes suivantes : Hamamelis. Cupressus, Viburnum, Thuya, Rhododendron, Sambucus, Hydrastis, Clematis vitalba.

Mon conseil médical

• Évitez tout ce qui peut accentuer la congestion veineuse :

　- stations debout prolongées
　- bas trop serrés, "jean's" trop "près du corps"
　- la trop grande chaleur locale (soleil)

• Favorisez tout ce qui stimule cette circulation :

　- la marche modérée
　- le fait de dormir les jambes un peu surélevées
　- les bains tièdes ou frais, les douches sur les jambes en allant du bas vers le haut dans le sens de la circulation normale des veines.

Si je détaille ces petits conseils simples que tout le monde connaît mais que peu mettent en pratique c'est parce qu'ils ont une importance fondamentale dans la prévention des troubles liés aux varices.

Il faut qu'ils deviennent pour vous des réflexes. C'est un peu astreignant mais c'est efficace à long terme.

• L'avis d'un spécialiste des veines (phlébologue) est nécessaire pour apprécier l'indication de scléroses ou d'interventions chirurgicales quand les varices sont constituées et gênantes fonctionnellement et esthétiquement.

• Consultez:

　- à la moindre apparition de signes inflammatoire au niveau de la paroi d'une veine (rougeur, chaleur locale, sensation de battement) possibilité de **péri-phlébite**.
　- à l'apparition du gonflement d'une jambe porteuse de varices : possibilité d'une **phlébite profonde**.
　- en cas de plaie même minime sur un trajet variqueux : possibilité de la formation d'un **ulcère variqueux.**

Le coin du curieux

Il est possible de faire une *phlébite superficielle* (inflammation d'une veine) au niveau du thorax... Elle se déclenche après des efforts physiques violents mettant cette région en cause. Pensez-y si vous faites de l'aviron, des sports de lancer ou tout simplement de la musculation trop forcée.

→ hémorroïdes
→ grossesse
→ plaies
→ opérations chirurgicales
→ fourmillements des extrémités
→ TERRAIN +++

VERRUES

Circonstances de l'AMH

Elle n'est possible que pour le cas particulier de la verrue plantaire.

> Pour tous les autres cas l'avis d'un homéopathe est indispensable car les verrues ne tombent que si le traitement homéopathique de TERRAIN est très précisément indiqué.

Mon conseil en homéopathie

- ANTIMONIUM CRUDUM 7 ch : est le médicament efficace sur la majorité des **verrues plantaires**. Soyez sûr du diagnostic car il ne marche pas sur les cors, les durillons.

5 granules au lever et coucher

Il faut parfois le prendre pendant 3 semaines avant un résultat. Ne vous découragez-pas car dès que la verrue "bouge" en quelques jours elle noircit, s'effrite et disparaît définitivement sans laisser de traces. Ce traitement efficace dans 80% des cas évite une intervention locale qui est souvent suivie de récidives, en dehors du handicap de l'immobilisation due à l'opération.

> • toutes les autres localisations font partie d'un ensemble sur lequel l'homéopathie pourra agir grâce aux médicaments de Terrain dit "sycotique" de sûkon = figue en grec, rappelant ainsi l'aspect des lésions.

Mon conseil médical

• voir rubrique maladies de la peau, CMG

• Consultez si la localisation est gênante au niveau d'une zone de frottement, si les verrues sont douloureuses, changent de taille, saignent ou démangent spontanément ou accidentellement.

Le coin du curieux

La localisation des verrues peut donner des indications sur l'état de fonctionnement énergétique de l'organisme. Quand elles se situent sur le trajet d'un méridien d'acupuncture elles indiquent une fragilité de l'organe qui lui correspond. Exemple : une verrue sur la joue traduit un problème au niveau de l'estomac sur le plan énergétique. Cela se vérifie quand la verrue disparait à l'occasion du traitement des troubles gastriques...

→ peau (Maladies de la ...) CMG
→ opérations chirurgicales
→ TERRAIN +++

VERTIGES

Circonstances de l'AMH

Elle est possible pour les sensations de vertige en cas de stress, d'indigestion, de mal des transports.

Il s'agit d'impression d'instabilité, de manque de sécurité. Les vertiges vrais s'accompagnent de sensation de tournoiement quand on ferme les yeux ou de perception des objets ou des personnes qui tournent autour de soi quand on les rouvre. Nausées et vomissements existent dans les formes sévères.

Mon conseil en homéopathie

- GELSEMIUM 7 ch : trac, jambes molles, sensation de **faiblesse** musculaire, de tête vide.

5 granules au moment des troubles à répéter 1/2 heure après (3 prises en tout)

- MOSCHUS 7 ch : sensation que vous "allez avoir un malaise" sans jamais tomber. Souvent association de fourmillements, engourdissements des extrémités, tressaillements de groupes musculaires, paupières qui sautent...
C'est le médicament le plus souvent indiqué dans les troubles nerveux de la **spasmophilie**. (voir cette rubrique).

- BRYONIA 7 ch : voir **Indigestion**

- COCCULUS 7 ch : voir **mal des transports**

Mon conseil médical

- consultez s'il s'agit de véritables vertiges rotatoires comme ceux que je vous ai décrits ci-dessus. Un bilan neurologique et de l'état de votre oreille interne est indispensable. Des périodes d'**hypotension artérielle** peuvent déclencher des vertiges

- vertiges rotatoires, troubles visuels, surdité et nausées sont les éléments du diagnostic du **vertige de Ménière** qui est en principe dû à une lésion circulatoire et nerveuse de l'oreille interne.

+++++ l'apparition d'une *surdité brutale* avec ou sans vertige est une urgence ORL. Il faut voir un spécialiste dans l'heure qui suit.

Le coin du curieux

• COCCULUS : la coque du Levant est une plante également utile en homéopathie pour l'insomnie des garde-malades ou de toute personne qui, pendant un certain temps, a été obligée de dormir en état de vigilance.

→ indigestion
→ anxiété
→ irritabilité
→ surmenage, fatigue
→ mal des transports
→ vomissements

VOIX (Troubles de la ...)

Circonstances de l'AMH

Elle est fréquemment indiquée en cas d'**enrouement**, de surmenage vocal ou général.

La *tendance aux **laryngites à répétition*** avec modification de la voix doit amener à consulter pour un bilan, un traitement adapté. Le traitement homéopathique de TERRAIN est particulièrement bien indiqué pour les sujets ayant des troubles de SPASMOPHILIE qui se manifeste souvent à ce niveau.

Une rééducation est souvent utile, l'apprentissage du chant peut également avoir des vertus thérapeutiques en aidant à poser sa voix.

Mon conseil en homéopathie

- RHUS TOXICODENDRON 7 ch : après avoir parlé longtemps ou quand le temps est très humide. La voix s'éclaircit au fur et à mesure que vous parlez puis elle se "recasse" à nouveau par la fatigue vocale de la journée. Il y a des *"trous"*, *des "ratés"* dans le discours...

5 granules 4 fois par jour. Éventuellement à titre préventif pour les orateurs ou chanteurs

- ARNICA 7 ch et RUTA 7 ch: la voix est faible après avoir crié (au stade, au hockey, etc...) Sensation de **meurtrissure** au niveau des muscles du cou et de la nuque.

5 granules de chaque ensemble 3 fois par jour

- si l'enrouement s'accompagne de toux voir cette rubrique : TOUX

Mon conseil médical

• consultez pour toute laryngite chronique
pour toute modification persistante du timbre de voix.

• le surmenage général est souvent cause d'**aphonie** (=perte de voix).

• des troubles hormonaux peuvent être en cause. Enrouement avant ou pendant les menstruations.

Le coin du curieux

Au 19ème siècle les chanteurs d'opéras utilisaient fréquemment l'homéopathie qui était alors très à la mode dans les milieux de la musique : comme c'est à nouveau le cas actuellement.

Les troubles vocaux chez le chanteurs sont souvent dûs à des petites hémorragies qui se produisent sur les cordes vocales à l'occasion des efforts considérables auxquels elles sont soumises. C'est une explication de l'intérêt d'ARNICA médicament de traumatisme dans ces cas.

Le stress peut faire baisser le tonus des cordes vocales. Elle se détendent et ne vibrent plus ensemble ou bien mollement comme corde d'arc détendue. C'est l'explication de l'intérêt de GELSEMIUM dans ces cas pour le stress et de RUTA pour tonifier le tissu conjonctif qui constitue les cordes vocales.

→ toux
→ anxiété
→ spasmophilie
→ tabac et homéopathie
→ respiratoires (Maladies de l'appareil...) CMG
→ surmenage/fatigue

VOMISSEMENTS

Circonstances de l'AMH

Elle est possible en cas - d'indigestion
- de vomissements de grossesse
- de mal des transports
- de crise d'acétone chez l'enfant

Mon conseil en homéopathie

- COLUBRINA 7 ch : est le médicament du vomissement qui soulage très rapidement les troubles gastriques en cas d'excès alimentaire, consultez la rubrique : INDIGESTION.

5 granules au moment des troubles

• vomissements de grossesse : consultez la rubrique à GROSSESSE

• mal des transports : consultez cette rubrique

- SENNA 7 ch : acétone chez l'enfant. Faire boire du pétillant, sucré pendant la crise.

5 granules 4 fois par jour

Mon conseil médical

• Avis médical pour tout vomissement :

- avec fièvre et douleur du creux de l'estomac ou de la partie inférieure droite de l'abdomen (risque d'appendicite) ou de l'aine (risque de torsion d'une hernie ou d'un testicule surtout chez l'enfant)

- avec maux de tête violents et raideur de la nuque : risque de réaction des méninges ou de **méningite**.

---

attention +++ chez le petit enfant la nuque peut au contraire être "molle". Il ne tient pas sa tête. C'est une urgence médicale +++

- avec diarrhée qui ne se calme pas rapidement

- au début d'un mal de gorge : possibilité d'un début de scarlatine ou d'une infection à streptocoque de la gorge.

Le coin du curieux

- les grands escaliers par où les spectateurs entrent ou ressortent des arènes, des stades s'appellent des vomitoires...

→ indigestion
→ grossesse
→ mal des transports
→ digestif (Maladies de l'appareil...) CMG

YEUX (Maladies des...)
Culture Médicale Générale

Toute atteinte de l'oeil ou de la région oculaire doit être vue par un médecin et surtout l'ophtalmologiste.

Certaines affections seront *plus particulièrement justiciables du traitement homéopathique de TERRAIN* en complément du traitement local.

• les manifestations allergiques : voir allergies respiratoires

• les maladies virales : voir Herpès, Zona

• les infections à répétition des paupières (**orgelets, chalazions, blépharites** = inflammation du bord des paupières)

• les troubles liés au vieillissement normal de l'organisme : **cataracte,** sclérose circulatoire dans lesquels l'homéopathie peut ralentir l'évolution.

Sachez aussi que *l'oeil est "la porte ouverte"* sur le cerveau. Le spécialiste peut grâce à son examen déceler de nombreuses maladies générales et surveiller précisément l'état de votre système circulatoire.

Un point important : il ne faut jamais utiliser de gouttes localement contenant de la cortisone sans le diagnostic du spécialiste. Dans le cas d'une maladie virale elles pourraient provoquer des ulcérations de la cornée.

YEUX (Maladies des...)

Circonstances de l'AMH

Elle est possible pour les inflammations débutantes en cas de **conjonctivites**, de blépharites, d'orgelets et **chalazions.**

La tendance à la répétition de ces troubles doit vous conduire à suivre un traitement homéopathique de TERRAIN.

Mon conseil en homéopathie

- BELLADONNA 7 ch et EUPHRASIA 7 ch : est l'association anti-inflammatoire à utiliser au début de tout épisode douloureux, avec irritation oculaire et **larmoiement abondant.**

5 granules de chaque ensemble 4 fois par jour

- APIS 7 ch : remplacera BELLADONNA si les paupières sont plutôt roses que rouge, et si elles sont gonflées comme des petits sacs d'eau.

- STAPHYSAGRIA 7 ch et PULSATILLA 7 ch : sont indiqués pour atténuer l'inflammation des **chalazions** (=petite glande qui est située "dans" l'épaisseur de la paupière).

5 granules au lever STAPHYSAGRIA
5 granules au coucher PULSATILLA

- SULFUR IODATUM 9 ch et PULSATILLA 7 ch : sont indiqués pour les **orgelets** (=petits furoncles d'un cil au bord de la paupière).

5 granules au lever SULFUR IODATUM
5 granules au coucher PULSATILLA

- RUTA GRAVEOLENS 7 ch : calme la **fatigue oculaire** si vous lisez beaucoup, travaillez devant un écran ou regardez de trop près la télévision. Vous voyez des points noirs, des **mouches volantes...**

5 granules 3 fois par jour

- GELSEMIUM 7 ch en cas de **migraine ophtalmique**. Reportez-vous à la rubrique Maux de tête.

Mon conseil médical

• tout traumatisme de la région oculaire doit amener à vérifier l'état de celle-ci. Il peut se produire des petites hémorragies au niveau des différents tissus de l'oeil, voire un **décollement de la rétine** chez les sujets prédisposés.

N'oubliez pas de prendre les médicaments homéopathiques de ces traumatismes immédiatement en attendant l'avis spécialisé.

• consultez au moindre trouble de la vision d'apparition brutale surtout si vous avez en même temps des maux de tête et un vomissement (possibilité de **glaucome** = augmentation de la pression circulatoire dans l'oeil). Dans ce cas l'oeil devient dur et la pupille est dilatée.

Le coin du curieux

EUPHRASIA est une plante connue depuis la plus haute Antiquité pour ses vertus curatrices au niveau des yeux. Les mendiants au Moyen-Age s'en enduisaient les paupières pour se déclencher des infections et apitoyer les passants...

Plus tard la réputation de cette plante la fit surnommer "casse-lunettes"...

→ allergies respiratoires
→ herpès
→ zonas
→ traumatismes
→ maux de tête
→ TERRAIN +++

ZONAS

Circonstances de l'AMH

Tous les zonas justifient un avis médical mais en attendant celui-ci vous pouvez agir sans danger et avec efficacité.

Mon conseil en homéopathie

- VACCINOTOXINUM 15 ch : 1 dose-globules entière à répéter 6 heures après 2 fois (3 doses en tout) est à prendre *dès le début des signes*, pour stimuler la production des substances à action antivirales dans l'organisme.

- APIS 7 ch : sensation de *cuisson* comme par une piqûre d'insecte, gonflement rosé de la peau. Douleurs brulantes améliorées par les applications froides localement.

5 granules toutes les heures puis espacer en fonction de l'amélioration

Deux évolutions possibles : guérison en quelques heures ou passage à un autre stade qui correspondra à l'apparition des vésicules sur le trajet d'un nerf toujours unilatéralement.

- ARSENIC ALBUM 7 ch : douleurs *brûlantes* améliorées par les applications chaudes localement, aggravées la nuit surtout de minuit à 3 heures a.m. avec agitation physique et anxiété.

5 granules 4 fois par jour pendant 48 heures puis 3 fois jusqu'à la fin de l'éruption

- RHUS TOXICODENDRON 7 ch : mêmes signes mais l'*agitation physique* est plus intense et calme les douleurs de la peau mais aussi des articulations souvent sensibles dans ce cas.

même mode d'emploi

Mon conseil médical

* avis médical systématique
* au niveau du visage il y a risque de zona ophtalmique avec atteinte de la cornée de l'oeil par le virus
* au niveau de l'oreille le zona est possible. Dans ce cas sensation de brûlure dans le conduit auditif, sensations de fourmillements sur le visage et souvent apparition d'un petit ganglion devant l'orifice de l'oreille.

Le zona est dû à un virus semblable à celui de la varicelle. Il se tapisse dans certains ganglions et l'éruption faite de petites vésicules rappelant celles de l'herpès commence par la sensation d'avoir été piqué par un insecte.

Cette éruption suit le trajet du nerf qui correspond au ganglion et elle est toujours d'un seul côté. Un zona "bilatéral" n'est pas un zona...

Le coin du curieux

ZONA veut dire ceinture (=zoné) en grec pour rappeller que sa localisation la plus fréquente est au niveau du thorax. A ce propos il est à signaler que certaines névralgies résiduelles à ce niveau peuvent être calmées par une manipulation ostéopathique...

→ herpès
→ varicelle
→ peau (Maladies de la...) CMG
→ yeux (Maladies des...) CMG

INDEX
• DES GÉNÉRALITÉS et DES QUESTIONS / RÉPONSES

INDEX DES GÉNÉRALITÉS et
QUESTIONS / RÉPONSES

INDEX

• DES RUBRIQUES

* → indique qu'il faut se reporter à la rubrique. Exemple: Abeille → INSECTES = VOIR Rubrique INSECTES.

Embolie artérielle → CARDIO-VASCULAIRE (CMG)

Embolie pulmonaire → THORAX

Émotivité → ANXIÉTÉ

Endocardite → CARDIO-VASCULAIRE (CMG)

Engourdissements des extrémités → FOURMILLEMENTS

Enrouement → VOIX

Entorses → TRAUMATISMES

Envie de dormir → SOMMEIL

Épanchement de synovie → TRAUMATISMES

ÉPAULES (Douleurs des...), p.107

Épicondylite → COUDE

Épididymite → VU/G L'HOMME

Épiglottite → RESPIRATOIRE (CMG)

Épine de LENOIR → OSSEUSES (Douleurs...)

Épiphysite → CROISSANCE

Épistaxis → SAIGNEMENT DE NEZ

Érection → SEXUELS (Troubles...)

Essoufflement → RESPIRATOIRE CMG

Esthétique (chirurgie) → PLAIES

Estomac (ulcère de l'...) → DIGESTIF (CMG)

ÉTATS FÉBRILES, p.109

ÉTATS GRIPPAUX, p.111

Examens (préparation aux...) → MÉMOIRE

Excès alimentaires → INDIGESTION

Extra-systoles → PALPITATIONS

Fatigue → SURMENAGE / FATIGUE

Fatigue oculaire → YEUX (Maladies des...)

Fêlures osseuses → TRAUMATISMES

Feu sauvage → HERPÈS

Fibromes de l'utérus → VU/G FEMME

Fièvre → ÉTATS FÉBRILES

Fissure anale → HÉMORROÏDES

Fistules → ABCÈS

Foins (Rhume des...) → ALLERGIES RESPIRATOIRES

Foulures → TRAUMATISMES

FOURMILLEMENTS DES EXTRÉMITÉS, p.115

Fractures → TRAUMATISMES

Frigidité → SEXUELS (Troubles...)

Frilosité → FOURMILLEMENTS

Fringales → APPÉTIT

Froid aux extrémités → FOURMILLEMENTS

Furoncles → ABCÈS

GANGLIONS → p.117

Gastro-entérite → DIARRHÉES

Gaz abdominaux → INDIGESTION

Gencives enflammées (gingivites) → BOUCHE ET LÈVRES

Génitales (Maladies des voies) → VU/G FEMME

Génitales (Maladies des voies) → VU/G HOMME

GENOUX (Douleurs...), p.118

GLANDES ENDOCRINES (CMG), p.120

Glaucome → YEUX (Maladies des...)

Gluten (intolérance au...) → DIARRHÉES

Goître thyroïdien → GLANDES ENDOCRINES

Gonflement des jambes → CARDIO-VASCULAIRE (CMG)

INDEX

• DES MÉDICAMENTS CITÉS DANS LE LIVRE

NOMS / ORIGINE / PRINCIPES ACTIFS
DE CES MÉDICAMENTS

NOM DU MÉDICAMENT	NOM COURANT	FAMILLE ou ORIGINE	PRINCIPES ACTIFS
ABIES NIGRA	Sapinette noire	CONIFÈRES	huile essentielle, acides résiniques
ACONIT NAPELLUS	aconit	RENONCULACÉES	aconitine
ACTEA RACEMOSA	actée à grappes	RENONCULACÉES	huile essentielle
CIMICIFUGA			résine, flavonoïdes, oestrogène
AESCULUS	Marronnier d'Inde	HIPPOCASTANACES	catechol, saponosides
HIPPOCASTANUM			hétérosides coumariniques
ALLIUM CEPA	oignon	LILIACÉES	sels de potassium
			prostaglandines, substances fibrinolytiques
ALUMINA	alumine	BAUXITE	
AMBRA GRISEA	ambre gris	CETACEES (CACHALOT)	ambréine
AMMONIUM CARBONICUM	carbonate d'ammonium	MINERAL	
ANACARDIUM	anacardium	ANACARDIACÉES	phénols
ANTIMONIUM CRUDUM	trisulfure d'antimoine	MINERAL	
ANTIMONIUM TARTARICUM	émétique	MINERAL	
APIS MELLIFICA	abeille entière	ANIMAL	
ARNICA MONTANA	arnica	COMPOSÉES	polyphénols, alcools terpéniques
ARUM TRIPHYLLUM	arum à 3 feuilles	ARACÉES	
BARYTA CARBONICA	carbonate de baryum	MINERAL	
BELLADONNA	belladone	SOLANACEES	hyoscyamine, atropine
BELLIS PERENNIS	pâquerette	COMPOSÉES	polyines
BRYONIA	bryone	CUCURBITACÉES	cucurbitacines

NOM DU MÉDICAMENT	NOM COURANT	FAMILLE ou ORIGINE	PRINCIPES ACTIFS
CALCAREA CARBONICA	carbonate de chaux (coquille d'huitre)	MINERAL	
CALCAREA FLUORICA	fluorure de calcium	MINERAL	
CALCAREA PHOSPHORICA	phosphate de calcium	MINERAL	
CALENDULA	souci des jardins	COMPOSÉES	huile essentielle, flavonoïdes saponoside, alcool triterpénique
CALADIUM dieffenbachia	aracées		phytotoxines, oxalate de calcium
CANDIDA ALBICANS	candida	CHAMPIGNONS	
CARBO VÉGÉTABILIS	charbon végétal	MINERAL	
CAULOPHYLLUM	caulophyllum	LEONTICACÉES	substance hormonale, saponoside
COESIUM MURIATICUM	coésium	MINÉRAL	
CHAMOMILLA	matricaire	COMPOSEES	huile essentielle (chamazulène)
CHELIDONIUM	chelidoine	PAPAVERACEES	chélidonine à noyau naphtalène
CHINA	quinquina	RUBIACEES	tanin catéchique, acide quinique
CIMICIFUGA	(voir ACTEA RACEMOSA)		
COCCULUS	coque du Levant	MENISPERMACÉES	picrotoxine
COCCUS CACTI	cochenille	ANIMAL	myristine, acide carminique
COLOCYNTHIS	coloquinte	CUCURBITACÉES	hétérosides de cucurbitacées
COLUBRINA voir NUX / VOMICA			
CORALLIUM RUBRUM	corail	CORALÏDES	
CROTON TIGLIUM	croton	EUPHORBIACEES	phorbol
CUPRUM METALLICUM	cuivre	MINERAL	
DROSERA	drosera	DROSERACÉES	naphtoquinones
EUPATORIUM PERFOLIATUM	herbe à la fièvre	COMPOSÉES	lactones sesquiterpéniques
EUPHRASIA	casse-lunettes	SCROFULARIACÉES	résines
FERRUM PHOSPHORICUM	phosphate de fer	MINERAL	

NOM DU MÉDICAMENT	NOM COURANT	FAMILLE ou ORIGINE	PRINCIPES ACTIFS
GELSEMIUM	Jasmin de la Caroline	LOGANIACÉES	gelsémine (alcaloïde indolique)
GLONOINUM	trinitrine	SUBST. CHIMIQUE	
GRAPHITES	graphite	MINERAL	
HAMAMELIS	hamémalis	HAMAMELIDACEES	flavonoïdes
HEKLA LAVA	lave du mont Hekla (ISLANDE)	MINERAL	
HYPERICUM	millepertuis	HYPERICACÉES	flavonoïdes, hyperforine
IAMARA ou IGNATIA	fève de St Ignace	LOGANICÉES	strychnine, brucine
IPECA	ipoéca	RUBIACÉES	émétine, céphéline
KALI BICHROMICUM	bichromate de potassium	MINERAL	
KALI CARBONICUM	carbonate de potassium	MINERAL	
KALI IODATUM	iodure de potassium	MINERAL	
KALI PHOSPHORICUM	phosphate de potassium	MINERAL	
LACHESIS MUTUS	lachesis (serpent, trigonocéphale du Brésil)	ANIMAL	coaguline, hémolysine protéinases
LEDUM PALUSTRE	lédon des marais	ÉRICACÉES	terpènes
MERCURIUS SOLUBILIS	mercure soluble de HAHNEMANN	MINERAL	
MOSCHUS	musc	ANIMAL	stéroïdes, alcaloïdes à activité antihistaminique, anti inflammatoire spasmolytique
NATRUM MURIATICUM	chlorure de sodium	MINERAL	
NATRUM SULFURICUM	sulfate de soude	MINERAL	
NITRI ACIDUM	acide nitrique	MINERAL	

NOM DU MÉDICAMENT	NOM COURANT	FAMILLE ou ORIGINE	PRINCIPES ACTIFS
NUX MOSCHATA	noix muscade	MYRISTICACÉES	carbures terpéniques
NUX VOMICA	noix vomique	LOGANIACÉES	strychine, brucine
ou **COLUBRINA**			
PARATYPHOIDINUM B	salmonelle	BIOTHÉRAPIQUE	
PHOSPHORIC ACIDUM	acide phosphorique	MINERAL	
PHYTOLACCA	phytolacca	PHYTOLACCACEES	hémagglutinine, phytolaccoside à forte activité anti inflammatoire
PLATINA	platine	MINERAL	
PODOPHYLLUM	podophylle	BERBERIDACEES	lignanes, podophyl lotoxine
PULSATILLA	anémone pulsatille	RENONCULACÉES	protoanémonine, anémonine
PYROGENIUM	autolysat de tissus animaux	BIOTHÉRAPIQUE	
RAPHANUS	radis noir	CRUCIFERES	essence sulfurée
RHODODENDRON	rhododendron	ERICACÉES	andromédotoxine, arbutosil
RHUS TOXICODENDRON	sumac	ANACARDIACÉES	pyrocatéchol
RUMEX CRISPUS	patience	polygonacées	dérivés anthracéniques
RUTA GRAVEOLENS	rue	RUTACÉES	coumarines, alcaloïdes
SANGUINARIA	sanguinaire	PAPAVERACÉES	alcoloïdes
SILICEA	silice	MINERAL	
SPONGIA	éponge torréfiée	SPONGIDES	terpènes, minéraux (brome)
STAPHYSAGRIA	herbe aux poux	RENONCULACÉES	sitostérol, delphinine
STICTA PULMONARIA	lichen pulmonaire	LICHENS	acide stictinique
SULFUR IODATUM	iodure de soufre	MINERAL	
TABACUM	tabac solanacées	nicotine	
VACCINOTOXINUM	vaccin antivariolique	BIOTHÉRAPIQUE	
VALERIANA	valériane	VALERIANACÉES	bornéol, alcaloïdes
VERATRUM ALBUM	ellébore blanc	LILIACÉES	protovératrines
ZINCUM	zinc	MINERAL	

Anaí Alexandra S
Alexandro Antonio. S

Achevé   Imprimerie
d'imprimer Gagné Ltée
au Canada Louiseville